Um der Menschen und der Gemeinden willen

Inhalt

Vorwort 9

Verzweckte Grundstimmigkeit 15
Zufriedenheit von Priestern 17
Lebensinszenierung 21
Priester ohne Amt – und ihre Frauen 25
Absicht und Übersicht 26

Geforderte Priester 31
Kompetenzförderung 36
  Gottesdienste leiten 36
  Ritenkompetenz 46
  Diakonische Spiritualität 54
  Zeitgerecht verkündigen 59
  Leiten lernen 63
Der Bischof und das Presbyterium 71
*Frauenförderung: Gestaltungsmacht und
Positionsmacht* 76

Priester anderer Art 83
  Auswirkungen auf die Seelsorgspriester 85
  Auswirkungen auf die pfarrerlosen
  Gemeinden 87
Priesterbänke aufstellen und besetzen 89
  Priester anderswoher 89
  Um mehr Priester beten 90

Priester reden jungen Menschen zu 91
Priestermangel und Gemeindemangel 92
Kirche von innen 93
Viri probati? 93
Priesterbänke statt Priestersitz 95
Amtlich handeln ohne Amtsträger? 100
Tertullian 101
Fragen 104
Und die Kirchenleitungen 105
Priester für die leeren Priesterbänke 108
Gemeindeerfahrene Personen 108
Aus- und Fortbildungsziele 112
Ein Ausbildungsentwurf 114
Priesteramt und Priesterehe 116

Priesternachwuchs 129
Gemeinden gründen 131
Die pastorale Seite ehelosen Lebens 132
Wiedergewinnen der eschatologischen Kraft 132
Krise der Orden 133
Keine »gefährliche Erinnerung« 134
Überwindung der Verbürgerlichung 135
Wenigstens strukturelle Erinnerung 136
Zölibat aufwerten, aber wie? 137
Priesterausbildung neu 141
Pfarrseminare: Ein Ergänzungsmodell zur
künftigen Formation von Priestern 143
Vermeiden des spirituellen Praxisschocks 147
Sich selbst als Laie erfahren 149
Offene Zölibatskultur 152
Zeitoffen werden 158

Priester als Werbeträger für den Priesterberuf 161
    Nur wenige stehen nicht zu ihrem Amt 162
    Überlegen 162
    Anreden 163
    Personalentwicklung statt Plakate 165
    Moderne Welt 167
    Spiritualität 169
Ehrliche Kirche als Bedingung 170
Das Umfeld gemeinsam bereiten 174

Der Priester als Brückenbauer 179
    »Das Himmelreich ist nahe« 181
    »Verließ Nazaret, um in Kafarnaum zu wohnen« 182
    Kulturation 185
        Kulturation der Kirche 186
        Kulturation durch die Kirche 187
    Und wir, die Priester? 190
        Versuchung: sich von der Welt
        zurückzuziehen 192
        Versuchung: sich von der Kirche
        zurückzuziehen 192
        Priester als Brückenbauer 193
    Das »Kreuz« der pontifikalen Priester 194

Vorwort

»Der Papst warnte davor,
sich in der Krise
häuslich einzurichten.«[1]

Dieses Buch ist ein Plädoyer für die Entlastung der Priester. In unseren Breiten gibt es davon zur Zeit immer weniger. Das durchschnittliche Lebensalter auch der verfügbaren Priester steigt. In der Not versuchen Verantwortliche in unseren Diözesen, der kleiner werdenden Zahl von älteren Priestern immer mehr Aufgaben und Arbeit aufzulasten.

Zwar erweisen sich nach den Ergebnissen der Studie **PRIESTER 2000**© zwei Drittel der Priester als »grundstimmig«. Sie sind beruflich zufrieden, würden – sollten sie sich neuerlich entscheiden – wieder den Priesterberuf wählen. Sie würden auch einem jungen Mann zuraten, wie sie selbst Priester zu werden. Die Identifikation mit dem Beruf ist also hoch.

Allerdings ist diese Grundstimmigkeit das Ergebnis eines komplexen spirituellen Vorgangs. Das ist so zu verstehen: Nachweislich erleben die Priester in unseren Breiten in ihrem Dienst nicht wenige Irritationen. Solche entspringen nicht nur – wie man ober-

---

1 Papst ist tief besorgt über Krise bei Priesterberufungen. Johannes Paul II. warnt vor beschwichtigenden Interpretationen: KATHPRESS vom 16.2.2002, 9.

9

flächlich meinen könnte – der zölibatären Lebensform, welche in unseren Kirchenbreiten auch von den Gemeinden so gut wie nicht unterstützt wird. Sorge macht den Priestern ebenso die schon von Paul VI. beklagte tiefe Kluft zwischen Kultur und Evangelium. Beim Versuch, Brücken zu bauen, fühlen sie sich aber von der Leitung der Kirche nur wenig unterstützt.

Solchen Irritationen stehen Gratifikationen zur Seite: mit Gemeinden Gottesdienste zu feiern, den Menschen das Evangelium zu verkünden, sie entlang ihrer Biographie lebensgeschichtlich zu begleiten, Anwalt der Armen zu sein und schließlich Freude daran zu finden, ein relativ frei gestaltbares öffentliches Amt mit gutem Ansehen ausüben zu können. Die Gratifikationen zusammen mit starken spirituellen Ressourcen erklären, warum die Priester »dennoch« (!) grundstimmig sind.

Allerdings schrumpfen in Zeiten des Pfarrermangels und der flankierenden Strukturreformen die Gratifikationen. In der Arbeitshektik werden zudem die spirituellen Ressourcen verbraucht und kaum erneuert. Die Gefahr droht, dass die Grundstimmigkeit in tiefe Resignation kippt. Anzeichen dafür gibt es bereits: Priester übernehmen widerstandslos mehrere Gemeinden – obgleich sie dafür weder ausgebildet sind noch deshalb Priester geworden waren. Nicht wenige gehen auch, sobald sie können, in den Ruhestand. Andere wieder leiden an deutlichen psychosomatischen Stresssymptomen oder dämpfen das alltägliche Leiden mit Alkohol oder durch Konsum von Fernsehen ab.

»Die Krise kam auf leisen Sohlen. Breuer[2] wurde Kaplan, Pfarrer, stellvertretender Dekan, obwohl es ihm den kalten Schweiß auf die Stirne trieb, wenn er Entscheidungen treffen musste. Er wurde immer weniger Seelsorger und immer mehr Gemeindemanager, hetzte von Taufe zu Trauung und Beerdigung. Der Zusammenbruch kam, als die Gemeinde mit einer anderen zusammengelegt werden sollte, der Priestermangel machte das nötig. Die Pfarrgemeinderäte blockierten, der Streit beherrschte den Alltag, die Einsamkeit am Abend wurde unerträglich. Pfarrer Breuer bekam eine Grippe, die blieb und blieb; der Körper rebellierte gegen dieses Leben.«[3]

Wie dieser Pfarrer Breuer beklagen 85% der in unserer Studie befragten Priester, dass ihnen vor allem jene Gratifikation immer rascher abhanden kommt, um derentwillen sie Priester geworden sind und aus der sie viel Gewinn gezogen haben: die personbezogene Seelsorge. Stattdessen drängt sie die laufende Strukturreform immer mehr dazu, mit Gremien und Strukturen zu tun zu haben statt mit Gesichtern und Lebensschicksalen.

Das hat auch für die Werbung für den Priesterberuf bei jungen Menschen krasse Folgen: »Wenn junge Leute sehen, dass ihre Priester sich mit zu viel Dingen beschäftigen, immer jammern und klagen, das Gebet aber und ihre eigentlichen Aufgaben vernach-

---

2 Der Name wurde redaktionell erfunden.
3 Drobinski, Matthias: Verwundete Helfer. Evangelische und katholische Pfarrer: ein Stand in Krise, in Süddeutsche Zeitung 296 (2001) 9 (vom 24./25. Dezember 2001).

lässigen – wieso sollten sie dann vom Priesteramt faszinert sein«, so Johannes Paul II.[4] Freilich: Ein solch abschreckendes »Gesicht« des Priesteramts zeigen viele Priester nicht, weil sie so sein möchten, sondern weil sie der Priestermangel immer mehr dazu nötigt, ungewollt so zu werden. Am meisten leiden die Priester selbst darunter. Da ist es wohl auch zu wenig, die Priester zu mahnen, geistlicher und weniger jammervoll zu sein (obgleich ein Jammerverbot der Kirche in unseren Breiten organisationsentwicklerisch sehr gut bekäme; es würde die gebremste Energie in kreatives, zielgerichtetes Handeln verwandeln, denn Jammern ist im Kern gebremste Aggression). Ebenso wichtig wäre es, die Kirche so umzugestalten, dass die »Geistlichen« nicht geistlich verkommen.

Die Studie **PRIESTER 2000**© ist aus pastoraltheologischer Besorgnis um den Dienst und das Leben von Priestern durchgeführt worden. Das nunmehr vorgelegte Plädoyer für eine nachhaltige Entlastung der Priester konkretisiert diese Besorgnis.

Ich danke den vielen Priestern, die mich nach Veröffentlichung der beiden ersten Bücher zur Studie darauf aufmerksam gemacht haben, dass mit den Daten Maßnahmen zu Gunsten der Strukturen, nicht aber der Priester verwendet werden.

Ich danke auch Christine Mann und Helmut Schüller aus der Erzdiözese Wien. Mit ihnen zusammen bildeten wir ein Art Vordenkergruppe, um nach Alterna-

---

4   Papst ist tief besorgt über Krise bei Priesterberufungen, in: KATH-
    PRESS vom 16.2.2002, 9.

tiven zur administrativen Meisterung des derzeitigen Priestermangels Ausschau zu halten. Beide haben mich mit ihren weiten Ideen angeregt und an verschiedenen Stellen auf die Endfassung des von mir allein verantworteten Textes eingewirkt.

Dankbar bin ich Bischof Fritz Lobinger aus der südafrikanischen Diözese Aliwal – über Jahre leitete er das international angesehene südafrikanische Pastoralinstitut LUMKO –, der eine Art virtuelles Mitglied dieser Vordenkergruppe war und über E-Mail mit ihr kommunizierte. In der letzten Phase des Entstehens des Manuskripts hat er so intensiv mitgearbeitet, dass er zum Mitautor des Buches avancierte.

Wien, 2.2.2002 *Paul M. Zulehner*

Verzweckte Grund-
stimmigkeit

2001 habe ich zusammen mit der Passauer Theologin und Gemeindeberaterin Anna Hennersperger das Buch »Sie gehen und werden nicht matt« (Jes 40,31). Priester in heutiger Kultur herausgebracht. Dieses Buch ist von der kirchlichen Öffentlichkeit gut aufgenommen worden, obwohl im Vorfeld der Studie bei Verantwortlichen bis hinein in die Kleruskongregation große Ängste und Befürchtungen geortet werden konnten.[5] In kurzer Zeit sind zwei Auflagen erschienen.

Flankierend dazu wurde der umfangreiche Forschungsbericht zur Studie **PRIESTER 2000**© publiziert. Sein Titel »Priester im Modernisierungsstress« weist auf eine zentrale Erkenntnis der Studie hin: Das Leben der Menschen, die mit ihrem ganzen Leben dem Evangelium Jesu Christi dienen, findet nicht im zeitlosen Raum abgeschiedener Spiritualität statt. Vielmehr stehen alle Priester wie jede Christin und jeder Christ unter den Herausforderungen moderner Lebenskultur und reagieren darauf: Die einen werden weltabgewandt, andere fühlen weltzugewandt; wieder andere Priester leben weltgewandt, ein Teil wird weltverwandt. Es gibt also Zeitlose, Zeitoffene, Zeitnahe und Zeitgemäße.

---

5   So ließ der Nuntius in Deutschland die Bischöfe des Landes wissen: *»Eine eventuelle Veröffentlichung der Ergebnisse ... würde ernste Schäden an der Disziplin der Kleriker selbst verursachen, die aufgerufen sind, sich außer zu intimen und persönlichen Aspekten auch zu heiklen Themen zu äußern, die über ihre Kompetenz hinausgehen ...*
Die Kleruskongregation würde es begrüßen, wenn sich die Bischöfe ihrerseits dafür einsetzten, von der Kirche die Schäden abzuwenden, die von der Durchführung einer solchen Initiative zu befürchten sind.« – Der ganze Brief findet sich in: Zulehner, Paul M.: Priester im Modernisierungsstress. Forschungsbericht der Studie **PRIESTER 2000**©, Ostfildern 2001, 58f.

Viele Priester und auch andere Mitglieder der Kirche haben die Ergebnisse und Deutungen der Studie besprochen und Konsequenzen daraus gezogen. Allerdings verlief die Rezeption nicht einheitlich. Das überrascht nicht, sondern bestätigt nur das Hauptergebnis, dass es eine bunte Vielfalt von Amtsverständnissen gibt. Letztlich bleibt jeder Priester ein »Sonderfall«, in dessen Lebensgeschichte in der Auseinandersetzung mit der kirchlichen Tradition und der kulturellen Situation sich ein nicht nur kirchen-, sondern ebenso persongestütztes Amtsverständnis ausbildet.

So sehr also die Studie breite Zustimmung bei Priestern, in Priesterräten, bei Kirchenleitungen fand: Zugleich gab es aber hinsichtlich einiger bedeutsamer Ergebnisse kritische Anfragen, und zwar bezüglich der Grundzufriedenheit der Priester sowie hinsichtlich des Zölibats.

Zufriedenheit von Priestern

Angezweifelt wurde, dass die große Mehrheit der Priester mit ihrem alltäglichen Dienst und Leben auch wirklich grundzufrieden ist. Tatsächlich zählen laut Studie zwei Drittel der befragten Priester in Österreich, Deutschland-Ost und -West, in der Schweiz, in Polen und Kroatien zu den Grundstimmigen.

Als grundstimmig gilt in der Studie ein Priester,

* der beruflich zufrieden ist,
* seinen Beruf wieder wählen würde, hätte er noch einmal zu entscheiden,
* und der einem jungen Menschen von sich aus anrät, Priester zu werden.

Der Schweizer Kirchlichen Presseagentur (KIPA) erschien das so unwahrscheinlich, dass sie getitelt hat: »Großteil der europäischen Priester ist unzufrieden« (1.8.2001). Lokale Kirchenzeitungen haben ähnlich berichtet. So die Kirchenzeitung von Linz: »Priester fühlen sich ausgelaugt. 80 Prozent der Priester sind unzufrieden mit ihrer Rolle. Das ergab eine Studie ...« (28.6.01). Auch einzelne Priester aus dem deutschsprachigen Raum ließen mich schriftlich wissen, dass sie dieses Ergebnis hinsichtlich der hohen Grundstimmigkeit der Priester für unzutreffend ansehen. Es wäre ein eigenes Forschungsprojekt zu erkunden, warum und welche Personen es stört, dass Priester in hohem Maße grundstimmig sind.

Nun besteht die Versuchung des Menschen gewiss darin zu meinen, so wie es mir geht, geht es letztlich allen. Dazu kommt, dass auch unter den Priestern sich gleich und gleich gern gesellen. Das macht es wahrscheinlicher, dass das eigene Missbefinden auch bei jenen Priestern entdeckt und mit diesen auch besprochen wird, mit denen man eben »gleich« ist. Übersehen wird dabei, dass die Annahme, es gehe den anderen ja ähnlich wie mir, im eigenen Elend auch entlastet. Wer lässt sich dann schon solche Entlastung durch eine wissenschaftliche Forschung nehmen?

Der Protest der Unzufriedenen hat aber noch eine andere Seite, die kirchenpolitisch gewichtig ist. Es hat mich selbst sehr verwundert, dass vor allem die hohe Grundstimmigkeit bei kirchlichen Planungsstellen auf hohes Interesse gestoßen ist. Das ist zunächst auf dem Hintergrund der von oberster Stelle unterstützten Ängste verständlich. Erleichterung hat sich eingestellt. Auffällig war aber die Einseitigkeit dieser Erleichterung. Denn die durchaus in beiden Publikationen vorhandenen gewichtigen kritischen Anmerkungen sind im unbeachteten (oder in der öffentlichen Diskussion im sorgsam verschwiegenen) Hintergrund geblieben. Was bedeutet aber dieses ausgeprägte Interesse gerade an den guten Nachrichten der Studie und warum werden die unbequemen so geflissentlich übergangen?

Ich formuliere einen Verdacht, der sich bei mir immer mehr verstärkt hat und bei Personen in der Kirche, die sich um deren Entwicklung Sorge machen, auch zunehmend geäußert wird. Es ist der Verdacht, dass die Ergebnisse gefiltert rezipiert werden. Die »guten Nachrichten« werden dann für die eigenen Interessen benützt: Auf dem Feuer priesterlicher Grundstimmigkeit wird die Suppe administrativer Interessen gekocht. Und das nicht primär zu Gunsten der Priester, sondern als Rückenwind für Veränderungen in den kirchlichen Strukturen, die man plant bzw. meint aus Not planen zu müssen – dies aber mit deutlicher Neubelastung für Priester.

Wenn die Priester zufrieden sind, dann halten es manche offensichtlich nicht mehr für nötig, darüber nachzudenken, dass immer weniger Priestern mit immer höherem Alter und damit schwindenden Kräften immer mehr zugemutet wird: an Verantwortung für immer mehr »Seelsorgseinheiten«, an Erwerb von dazu nötigen Leitungs- und Organisationskompetenzen. Wer grundzufrieden ist, den kann man ruhig noch weiter belasten, so sichtlich der (möglicherweise uneingestandene) Gedankengang der kirchlichen Planer in manchen Ordinariaten.

Das ist einer der Gründe, warum ich dieses neuerliche Priesterbuch schreibe. Die Absicht des Buchs »Sie gehen und werden nicht matt« (Jes 40,31) diente der Personalentwicklung der Priester selbst. Es sollten Wege aufgedeckt werden, wie sie unter den vorfindbaren kirchlich-pastoralen Verhältnissen eine grundstimmige berufliche Arbeit vollbringen können und wie die durchaus interessante ehelose Lebensform trotz breiter Nichtunterstützung selbst im Kirchenvolk lebbar bleiben kann – und dies unabhängig von der Frage, ob sich die katholische Weltkirche eines Tages für die Öffnung des Priesteramts auch für Verheiratete entscheiden wird.

Eben dieses an der Entwicklung der einzelnen Priester orientierte Anliegen gilt es aber ausdrücklich vor einer Verzweckung, ja einem strukturdienlichen Missbrauch zu schützen. Die Aufforderung zur Personalentwicklung kann zynisch werden, wenn nicht gleichzeitig eine angemessene Organisationsentwicklung stattfindet.

Die Aussage, dass Priester grundzufrieden sind, besagt ja nur, dass sie aufgrund eines hohen Vorrats an belastbarer Spiritualität und persönlichem hohen

Kräfteeinsatz mit der derzeitigen, für sie zunehmend prekären Lage zurande kommen. Damit ist aber nicht gesagt, dass sie noch mehr Belastungen tragen können. Zur Zeit werden aber Belastungspakete auch und vor allem für die Priester geschnürt. Hauptquelle solcher Belastungen ist die raumpflegerische Angleichung der pastoralen Einheiten an die schwindende Zahl der weniger und älter werdenden Priester. Der pastoraltheologisch sehr nützliche, in priesterreichen Zeiten aber kaum anzutreffende Begriff »kooperative Pastoral« für diese Belastungskonzepte kann nicht darüber hinwegtäuschen, dass bei den betroffenen Priestern die Grundzufriedenheit sehr schnell in aggressiven Ärger oder in fatalistische Resignation kippen kann. Zu wenig ist daher eine kirchliche »Raumpflege«, welche die administrative und rechtliche Seite einer Kirche mit krassem Priestermangel ordnet. Vielmehr ist vehement eine Kirchenpolitik zu fordern, welche die ohnedies schon überlasteten Priester nachhaltig entlastet. Frei nach Lukas formuliert ist es moralisch unzulässig, dass Kirchenleitungen den Priestern noch weiter Lasten aufschnüren, ohne diese selbst tragen zu müssen (Lk 11,46).

Lebensinszenierung

Zu teils heftigen Debatten kam es in der kirchlichen Öffentlichkeit zudem hinsichtlich des in der Forschung erhobenen Zustands und der Inszenierung ehelosen Lebens. Auch das Forschungsteam war überrascht, dass die Zustimmung zum Zölibat bei den Priestern, die im Amt sind, beachtlich hoch ist. Das mag auch damit zu tun haben, dass jene, welche entweder den Zölibat nicht positiv werten oder trotz positiver Wertschätzung des Zölibats die Ehe für sich wählten, aus dem Amt geschieden sind. Es hat uns auch gewundert, dass zumal in den so genannten »liberalen« Kirchengebieten nicht mehr von den befragten Priestern »(krypto)liiert« leben.

Als »liiert« haben wir einen Priester definiert, der sich bei einer »vertrauten Person« daheim fühlt und der sicher heiraten würde, könnte er dabei sein Amt behalten.

In einigen Diözesen kam es zu öffentlichen Stellungnahmen einzelner Priester, dass dieses Ergebnis nicht stimmen könne. Ein Pfarrer formulierte so: »Im letzten Absatz heißt es, dass Professor Zulehner von nur 10% spricht, die durch die Heirat oder ›illegales Zusammenleben‹ die Lebensform des Zölibats aufgäben. Dies ist entweder in Diözesen gefragt, in denen die Geistlichen es nicht wagen, ehrlich zu sein, oder eine bewusste Desinformation. Jeder in unseren Breiten, der ein wenig ›Insider‹ ist, weiß, dass sich die Zahl derer, die als Priester ein eheähnliches Verhältnis haben, wohl einiges über 50% bewegt. Ich würde es für besser halten, wenn gerade in einer Priesterweihe-Nummer ehrlich über dieses Problem gesprochen werden würde. Und ich glaube nicht, dass

Professor Zulehner nicht neben sterilen Befragungen weiß, dass die Wirklichkeit anders aussieht.«[6]

Nun kann diesem erbosten Pfarrer, der »sterile Umfragen« anzweifelt, weil ihm das Ergebnis nicht gelegen kommt, durchaus konzediert werden, dass der Anteil der »liierten Priester« laut Daten unserer Studie in seiner Diözese tatsächlich nicht bei 10%, sondern mit 22% erheblich höher liegt als im zentraleuropäischen Durchschnitt. Dieser Tage traf ich auch einen Priesterseelsorger, Jesuit, der aus seinen spirituellen Aktivitäten mit Priestern wisse, dass dieses Ergebnis nicht stimmen könne. Aber sind nicht jene Personen, mit denen er zu tun hat, ein erlesener Ausschnitt, der nicht für alle repräsentativ ist?

Auch wenn wir auf der Basis unserer gediegenen Forschung nicht bereit sind, die Daten anzuzweifeln, auch wenn wir zudem nicht annehmen werden, dass in dieser Hinsicht die Mehrheit der Priester »unehrlich« ist und sich selbst oder der Öffentlichkeit etwas vorlügt: Auch hier kommt das selbstberuhigende Gefühl der Erleichterung bei den Kirchenleitungen zu schnell.

Wer nämlich die Studie hinsichtlich der Inszenierung ehelosen Lebens genauer gelesen hat, wird sehr viele Differenzierungen vorfinden, die hohen Handlungsbedarf erzeugen.

Gerade im Blick auf die künftige Priestergeneration ergeben sich anhand der Studie viele zukunftsträch-

6 Leserbrief von Pfarrer Gilbert Schandera in: Kirchenzeitung der Diözese Linz 12.7.01.

tige Fragen, die mit der Lebensform zwar zusammenhängen, aber einen weit größeren Horizont haben:

- Wie kann eheloses Leben zugemutet werden, wenn
  es im innerkirchlichen Alltag ohne Unterstützung
  bleibt?
- Was bedeutet es, dass unter den Bedingungen einer
  modernen Kultur alle Lebensformen nicht mehr fer-
  tige Lebenshäuser sind, die man einmal bezieht
  und dann mit mehr oder minder hoher Zufriedenheit bewohnt, sondern immer mehr zu lebenslan-
  gen Baustellen werden?
- Was ist daraus zu lernen, dass auch die Ehelosigkeit
  von der Mehrheit der Priester als ein krisenreiches
  Auf und Ab erlebt wird – wobei es nur wenig tröstet, dass sie hinzufügen: wie das bei Eheleuten
  heute auch nicht viel anders ist?
- Wie kann daher der zölibatäre Klerus zur Bearbei-
  tung biographischer Krisen befähigt werden – was
  auch qualitative Beratung erfodert?

Die Ehelosigkeit wird zudem von den befragten
Priestern als eine (zu) hohe Hürde für junge Männer
hinein ins Amt angesehen.

Die Ehelosigkeit ist freilich nur eine unter mehreren Hürden. Das weitet unsere Fragestellungen aus:

- Was (einschließlich dem Zölibat) hindert die Jungen, sich für jenen Beruf zu interessieren, der nach
  einer Studie von Allensbach hinter dem Arzt gesellschaftlich an zweiter Stelle rangiert?
- Wie kommt es, dass sich die Gesellschaft respiritu-
  alisiert und nach kundigen »Gottesmännern« aus
  ist, dass aber eben für diesen hochbewerteten und

zukunftsfähigen Beruf sich zur Zeit nur wenige kompetente junge Männer melden? (Ich weiß schon, dass in spirituellen Belangen auch »Gottesfrauen« immer eine Rolle gespielt haben und dass viele meinen, dass gerade auch wegen der spirituellen Qualität Frauen ins Priesteramt kommen sollten.)

Hinter all diesen Fragen um den sichtlich hindernisreichen Zuweg junger Menschen zum Priesteramt verbirgt sich eine Frage, die das kirchliche Leben in seinen Fundamenten berührt:

* Woher werden die gläubigen Gemeinden morgen zu »Priestern in Ruf- und Reichweite«[7] kommen?

Priester ohne Amt – und ihre Frauen

Beklagt wurde schließlich von Betroffenen, dass die Priester ohne Amt nicht in die Untersuchung einbezogen worden waren. Manche haben diese Zielgruppe folgerichtig ausgeweitet: die Priester ohne Amt, die mit diesen lebenden Frauen und Kinder.

Nun stimmt, dass diese Frage wichtig ist. Hier ist eine pastorale Chance, die von den Diözesen derzeit nur begrenzt, wenngleich schon erheblich mehr als noch vor Jahren, benutzt wird. Ein Teil der Priester

---

7   Diesen Ausdruck verwendeten die Deutschen Bischöfe in der Ordnung der pastoralen Dienste, Bonn 1977.

ohne Amt wäre bereit, wieder presbyterale Dienste in einer Gemeinde zu übernehmen. Nicht wenige Bischöfe haben in den letzten Jahren oft auf diskrete Weise Arbeitslösungen gefunden, die von den Betroffenen wertgeschätzt werden.

Dennoch bleibt die große Zahl der Priester ohne Amt (und ihre Frauen und Kinder) eine tiefe Wunde im Leben der katholischen Kirche.

Dass wir sie an der Umfrage unter Seelsorgspriestern nicht beteiligt haben, ist aber kein Ausweis mangelnder Wertschätzung, sondern hat allein forschungstechnische Ursachen. Es hätte eines doch erheblich veränderten Fragebogens bedurft. Ich habe der »Arbeitsgemeinschaft Priester, ihre Frauen und Kinder« in Österreich angeboten, mit ihr zusammen eine eigene Studie zu designen.

Absicht und Übersicht

Das nunmehr vorgelegte dritte Buch zur Studie **PRIESTER 2000**© ist somit aus Erfahrungen geboren, die ich im Zuge der bisherigen Rezeption der Priesterstudie gemacht habe. Das Hauptanliegen ist die Entlastung der Priester. Dieses kann aber nicht wirksam verfolgt werden, wenn es nicht in einem größeren Kontext steht: der Frage nach der Ausbildung der künftigen Priester sowie der nach dem Leben der christlichen Gemeinden und der Priester in ihnen.

Diesem Anliegen der Entlastung der Priester sind somit in diesem Buch drei Teile gewidmet:

- Zunächst will ich zur Entlastung der Priester durch deren Kompetenzmehrung beitragen. Es geht um die Entwicklung von Schlüsselkompetenzen für Priester unter den faktisch laufenden (und keineswegs immer begrüßenswerten, weil notstandsartigen) kirchlichen Entwicklungen durch eine angemessene Fort- und Weiterbildung. Dieser Teil lebt vom Prinzip, dass Kompetenz entlastet.

- Sodann ist in einem weiteren Teil eine Gretchenfrage derzeitiger Kirchenpolitik zu enttabuisieren: Wenn die derzeitige Überlastung eine direkte Auswirkung des Priestermangels ist, dann zwingt die Suche nach Entlastung natürlich auch zur Frage, wie es morgen wieder mehr Priester geben kann. Aus der Sicht der Gemeinden verbindet sich damit die Frage, wie gläubige Gemeinden dazu kommen, sonntags Eucharistie zu feiern, wozu sie aber nach weithin unbestritten geltender kirchlicher Auffassung einen Priester brauchen?

- Schließlich gilt es zu fragen, wie solche Entlastung der Priester durch Kompetenzen über die Priesterausbildung gesichert werden kann. Hier wird, ergänzend zum jahrhundertelang bewährten Modell der tridentinischen Priesterseminare ein Alternativmodell entworfen, das zur Zeit in der Erzdiözese Wien von Kardinal Christoph Schönborn als »Wiener Modell« erprobt wird.

Bei den kommenden Überlegungen werde ich zunächst das besprechen, was unter den derzeitigen kirchenrechtlichen Gegebenheiten möglich ist. Ich fühle mich dazu durch das Leitbild jener Wiener Erzdiözese angeregt, der ich angehöre. Dort heißt es unter dem Stichwort »Zukunftsforen«: »Wir sehen pastorale Situationen in größeren Zusammenhängen und entwickeln Visionen. Schritte zu ihrer Umsetzung werden durch Freiräume im Rahmen derzeitiger kirchenrechtlicher Gegebenheiten möglich.«[8]

Dennoch will und werde ich keinesfalls nur das besprechen, was heute jederzeit zu realisieren ist, sondern werde die Leserin, den Leser darüber hinaus in meine pastoraltheologische Zukunftswerkstatt mitnehmen. Das erlaubt mir, nicht an jeder Stelle ungeduldig zu fragen, ob unter den heutigen rechtlichen Bedingungen denn auch möglich ist, was ich vorschlage.

Das war aber immer schon so in der Kirche: Wenn sie etwas nach oft langem Ringen und Zögern für richtig und erforderlich angesehen hat, hat sie eben das Kirchenrecht weiterentwickelt. Das wird, ohne ein Prophet sein zu müssen, mit hoher Wahrscheinlichkeit auch hinsichtlich unserer Themen zutreffen.

Am Ende des Buches findet sich eine Festrede, gehalten in jenem internationalen Theologenkonvikt, dem ich viel von meiner priesterlichen Formung verdanke: dem von den Jesuiten in Innsbruck geführten Canisianum. Zum 90. Bestandsjubiläum habe ich auf dem Boden der Studie **PRIESTER 2000**© zum »Priester als Brückenbauer« gesprochen. Dieser Vortrag macht sichtbar, zu welchem Priestertyp ich neige und

---

8 Leitbild der Erzdiözese Wien, Wien 1999, 19.

dass ich meine pastoraltheologische Arbeit in Forschung und Lehre »pontifikal« verstehe. Zudem dokumentiert er meine Verehrung von Kardinal Carlo Maria Martini, dem ich in der Zeit, als er Präsident des Rates der Europäischen Bischofskonferenzen war, einige Jahre zusammen mit Hervé Legrand aus dem Institut Catholique in Paris als theologischer Berater zugearbeitet habe – wobei ich erleben konnte, dass die Zusammenarbeit zwischen Bischöfen und Theologen höchst erfreulich und produktiv verlaufen kann.

Geforderte
Priester

»Das priesterliche Amt ist Dienst an der Gemeinde.«
Kaum einer der befragten Priester hat diesem Grund-
merkmal seines Amts nicht zugestimmt. Da Gemeinden sich aus einzelnen, ihr von Gott hinzugefügten
Glaubenden aufbauen, bedeutet diese Aussage ein
Doppeltes: Priester leisten einen Dienst an einer
Gemeinschaft, zugleich aber auch einen Dienst an
deren einzelnen Mitgliedern und darüber hinaus
auch an »Nichtmitgliedern«. Der Priester Aufgabe
hat somit eine person- und damit biographiebezogene
wie eine gemeinschafts- und organisationsbezogene
Seite.

Priester brauchen daher immer eine Doppelkompe-
tenz:
* Menschen in deren Lebensgeschichten zu begleiten
  und dabei einfühlsam und mitunter auch durchaus
  provozierend das Evangelium lebendig, explizit
  und konkret werden zu lassen,
* zugleich aber auch aus der Kraft des anvertrauten
  Evangeliums der Lebendigkeit der Gemeinschaft
  (leitend) zu dienen.

In sehr vielen Tätigkeiten der Priester werden diese
beiden Seiten ihrer Kompetenz miteinander verwoben
sein. Aber es wird Aufgaben geben, die vorrangig
biographienah und möglicherweise zugleich gemeindefern sind, andere wiederum, die dem Gemeinde-
aufbau, aber nicht unmittelbar der persönlichen Auf-
erbauung dienen.

Im Folgenden werde ich auf einige ausgewählte
Kompetenzen von Priestern eingehen, deren Entwicklung in der gegenwärtigen Kultur/in der heutigen Kir-

che pastoral von herausragender Bedeutung sind. Im Hintergrund stehen jene reichen Erkenntnisse, die ich in den letzten Jahren durch kulturdiagnostische Forschungen gewinnen konnte. Dabei zeigte sich, dass die großen soziokulturellen Herausforderungen der nächsten Zeit Solidarität und Spiritualität sein werden. Auf die Handlungsfelder der Kirche übertragen bedeutet dies, dass es um die Stärkung der Diakonie wie der Mystik in all deren Facetten gehen wird. Im Blick auf die Priester: Für ihren Dienst ist es entscheidend, dass sie spirituell wie diakonal kompetent sind.

Das sind keine neuen Kompetenzen, sondern sie sind evangeliumsalt: Denn sie speisen sich aus dem Doppelgebot Jesu, aus dem unentflechtbaren Gefüge von Gottes- und Nächstenliebe. Vielleicht wird die Kernkompetenz der Priester (wie im Übrigen der ganzen kirchlichen Gemeinschaft und jedes ihrer Mitglieder) darin bestehen, das »und« zwischen Gottes- und Nächstenliebe zu leben und zu tun. Die Kernkompetenz der Priester wäre von da aus gesehen in einem die Fähigkeit zu einer spirituell dichten Diakonie und zugleich zu einer diakonal trächtigen Spiritualität. Diese Spiritualität würde ihr eigenes Tun prägen, zugleich würde ein Handeln wachsen, das spirituell und solidarisch in einem ist.

Unbeschadet solcher Untrennbarkeit von Spiritualität und Solidarität werden im Folgenden einzelne Kompetenzen herausgegriffen und in ihrer produktiven Einseitigkeit zur Sprache gebracht, die einmal mehr »spirituell«, das andere Mal mehr »diakonal« sind.

Es gibt nicht wenige Priester, die vor die Aufforderung gestellt, Kompetenzen zu entwickeln, auf ihre Weihe verweisen. Damit versuchen sie, die Zumutung zu fort- und weiterbildenden Maßnahmen abzuwehren. Was dabei herauskommt, ist ein dumpfer, ziemlich schrulliger halbmagischer Klerikalismus. Damit ich nicht falsch verstanden werde: Für mich ist Christus der oberste Hirte der Menschen. Letztlich machen wir alle in der Kirche Pastoral im Namen Gottes, damit »GottesPastoral«[9] geschieht. Ohne ihn können wir nichts tun (Joh 6,44). Das wird in jenen Handlungen besonders klar, welche die Kirche Sakramente nennt. In ihnen handelt Christus durch seinen Geist. Aber die Feier solcher Sakramente verlangt eine »ars celebrandi«, damit eine ausgebildete Kompetenz, eine (Groß-)Liturgie zu leiten oder ein heiliges Ritual zu gestalten. Dazu kommt, dass rund um die Sakramente viele Vorgänge angesiedelt sind, in denen es zu pastoralen Begegnungen kommt. Auch in diesen, so ist meine gläubige Hoffnung, ist Christus am Werk – aber keineswegs einbahnig vom Priester zu den »Gläubigen«, sondern auch der Priester findet das Handeln Gottes in jeder seelsorglichen Begegnung vor und weitet für dieses den Raum aus. Gerade dann, wenn ein Priester aufgrund seiner Weihe handelt, werden hohe pastorale Kompetenzen gefordert. Das heißt umgekehrt, dass viele inkompetente Priester zwar aufgrund

---

9   Zulehner, Paul M.: Meine Seele dürstet nach dir (Ps 63,2). Gottes-Pastoral, Ostfildern 2002.

ihrer Weihe vieles gültig, aber nach Ansicht der alten Schultheologie ziemlich unfruchtbar tun.

Der konstruierte und von manchen Priestern beanspruchte Gegensatz von Weihe und Kompetenzentwicklung ist daher letztlich ein durchschaubarer Versuch der Vermeidung erforderlicher pastoraler Bildung. Und weil solche Vermeidung schädlich ist, wird ein Priester gerade angesichts seiner Weihe schwer schuldig an der Kirche und den Menschen, wenn er Fort- und Weiterbildung unterlässt. Johannes Paul II. hat daher die Priester in einem seiner Briefe zum Gründonnerstag aufgefordert, Fortbildung als eine Form der von ihnen geforderten Umkehr zu verstehen.[10]

Im Übrigen haben auch die Menschen in unseren Bildungsgesellschaften ein deutliches Gespür für die Notwendigkeit von pastoralen Kompetenzen. In der Langzeitstudie »Religion im Leben der Österreicher 1970–2000« war die Frage gestellt worden: »Manche sagen heute auch: Mir ist jede Person recht, wenn sie nur die entsprechende Fähigkeit und Einsatzbereitschaft hat. Inwieweit können Sie dieser Antwort zustimmen?« Die Zustimmung zu dieser Frage ist zwischen 1980 über 1990 und 2000 von 51% auf 59% und dann weiter auf 67% gestiegen.[11]

---

10 Johannes Paul II.: Gründonnerstagsbrief an die Priester, Rom 1979.

11 Die Frage wurde zum ersten Mal verwendet in der Studie 1980: Zulehner, Paul M.: Religion im Leben der Österreicher. Dokumentation einer Umfrage, Wien 1981, 209. – Die Auswertung hier stützt sich auf meinen eigenen Datenbestand.

Im Folgenden wird es um die Entwicklung von Kompetenzen der Priester gehen, und zwar zu folgenden Stichworten:

- (Groß-)Gottesdienste leiten,
- Ritenkompetenz,
- diakonische Spiritualität,
- zeitgerecht verkündigen,
- leiten lernen.

Kompetenzförderung

Gottesdienste leiten

83% der befragten Seelsorgspriester halten es für »sehr wichtig«, die Sonntagsmesse mit der Gemeinde zu feiern. Weitere 14% haben sich bei dieser Frage bei »wichtig« eingeordnet. Priester haben sichtlich ein Gespür für die Wichtigkeit dessen, was sich in und um einen sonntäglichen Gottesdienst in der Gemeinde ereignet. Entspricht aber der hohen Wertschätzung dieses priesterlichen Tätigkeitsbereichs auch eine entsprechende Kompetenz? Um diese Frage gerecht und fundiert in einem beantworten zu können, muss etwas ausgeholt werden.

Eine religiöse Suche mit neuer Qualität geht durchs Land, so ein zentrales kulturdiagnostisches Ergebnis. Zumal in den am meisten modernisierten Regionen unserer Kultur, in den Großstädten, erholen sich seit einigen Jahren viele religiöse Indikatoren: Städter glauben wieder mehr an einen personalen Gott, finden sich weniger damit ab, dass mit dem Tod alles aus sei. Sie meditieren, beten, Gott ist in ihrem Leben wichtiger.[12]

Matthias Horx, deutscher Trendforscher, prognostizierte den inzwischen messbaren Megatrend einer Respiritualisierung.[13]

»Die Sehnsucht boomt, aber die Kirchen schrumpfen«, so wunderte sich der österreichische Journalist Günther Nenning in seiner religiösen Futurologie »Gott ist verrückt«[14]. Tatsächlich, noch sieht es so aus, als würde der Megatrend der Respiritualisierung auf dem freien religiösen Markt an den christlichen Altkirchen vorbeigehen. Es braucht daher auch eine verantwortete Respiritualisierung der Kirchen selbst, und das nach Jahren inzwischen beklagter kirchlicher »Selbstsäkularisierung«, wie Bischof Huber von der EKD sie nannte.

Wollen die Kirchen auf dem boomenden spirituellen Markt zur ersten und besten Adresse werden, wozu sie aufgrund ihrer historischen spirituellen und mystischen Erfahrungen das Zeug hätten, dann bräuchten sie dazu geeignete spirituelle Orte, spirituelle Vorgänge und spirituelle Personen.

---

12 Zulehner, Paul M. u. a.: Kehrt die Religion wieder? Religion im Leben der Menschen 1970–2000, Ostfildern 2001.
13 Matthias Horx: Megatrends der späten neunziger Jahre, Düsseldorf 1995.
14 Nenning, Günther: Gott ist verrückt, Düsseldorf 1997.

Um beim Letzten zu beginnen: Aus der Perspektive der sich respiritualisierenden Kultur spielen für die spirituell Suchenden spirituell erfahrene Personen eine Schlüsselrolle. Es sind Personen, die christlich formuliert »gotterfahren« sind: »Gottesfrauen« und »Gottesmänner« also. Das sind Personen, die kundig sind, andere bei spirituellen Erfahrungen kompetent zu begleiten.

Die Zeit verlangt somit nach Priestern, die »Gottesmänner« sind. »Geistliche« werden gesucht. Natürlich werden Priester nicht die einzigen Menschen außerhalb und innerhalb der Kirche mit dieser Kompetenz (im Sinn von Fähigkeit) sein. Das Wort »geistlich« (pneumatikós) ist ja auch biblisch eine Eigenschaft für alle Kirchenmitglieder (Gal 6,1). Auch umgekehrt werden nicht alle, welche die Zuständigkeit/Beauftragung haben, trotz bester Ausbildung dazu fähig sein, wie ja auch die Charismenlehre im Korintherbrief verdeutlicht: Denn nicht allen ist alles in gleichem Maß gegeben, weshalb wir einander dringend brauchen.

Aber wenn die Kirche auf der Seite der spirituell Suchenden sein will, dann ist sie dies auch dadurch, dass gegenwärtig und von alters her vornehmlich Priester beauftragt und zuständig sind, als »Gottesmänner« zu wirken. Priester werden von Menschen morgen vor allem wegen ihrer spirituellen Kompetenz beansprucht werden.

Auf die theologische Ebene gehoben bedeutet dies, dass Priester eine mystagogische Kompetenz entwickeln müssen. Eine ihrer zentralen Aufgaben besteht darin, Menschen »hinzuführen vor jenes Geheimnis, welches das Leben des Menschen im Grund immer schon ist«: So definiert Karl Rahner in seinem Entwurf »Zur Theologie der Seelsorge heute« Mystagogie.[15]

Mystagogische Spiritualität erschöpft sich nun sicher nicht in Gottesdiensten oder noch enger gesehen in den Sonntagsgottesdiensten einer versammelten Gemeinde. Dennoch wird in der nächsten Zeit den ganz gewöhnlichen Sonntagsgottesdiensten im Leben der christlichen Kirchen eine hohe Bedeutung zukommen.

Damit stehen wir vor dem zweiten Element der Respiritualisierung der Kirchen: den spirituellen Vorgängen der gottesdienstlichen Feiern. Vor allem die Sonntagsgottesdienste werden jenes spirituelle Schlüsselereignis sein, das zumal jene, die ihre spirituelle Suche mit einer christlichen Kirche verbinden, aufsuchen werden. Und das sind in unseren Breiten Sonntag um Sonntag hunderttausende Menschen.

Die katholische Kirche hat die zentrale Rolle der Liturgie auf dem Zweiten Vatikanischen Konzil – gestützt auf ihre Jahrtausende alte spirituelle Erfahrung – herausgekehrt:

»Dennoch ist die Liturgie der Höhepunkt, dem das Tun der Kirche zustrebt, und zugleich die Quelle, aus der all ihre Kraft strömt« (SC 10).

---

15 Zulehner, Paul M.: Denn du kommst unserem Tun mit deiner Gnade zuvor. Zur Theologie der Seelsorge heute. Paul M. Zulehner im Gespräch mit Karl Rahner, Düsseldorf 1984. – Dieses Gespräch ist 2002 durch eine Neuauflage im Schwabenverlag wieder zugänglich gemacht worden.

Das gilt insbesondere für die sonntägliche Feier der Eucharistie. In ihr vollendet sich christlich-kirchlicher Glaube, aus ihrer Kraft lebt dieser.

Die derzeitige Praxis der sonntäglichen Gottesdienste wird aber beidem zu wenig gerecht: weder der spirituellen Suche moderner Menschen noch dem theologischen Selbstverständnis der Kirche vom hohen Stellenwert der Eucharistie.

Der Klagen sind diesbezüglich viele. Sie spitzen sich auf den Verdacht zu, dass viele Sonntagsgottesdienste heute nicht spirituelle, sondern vorwiegend pädagogische Ereignisse sind. Da setzen sich Suchende in die Kirchenbank und finden sich auf einer Schulbank wieder. Sie treten nicht in ein spirituell trächtiges Ereignis ein, sondern es wird ihnen für ihr Leben nach dem Gottesdienst individual- oder sozialmoralische Anweisung gegeben. Sie erfahren nicht Gott, sondern erleiden nicht selten ein »Gottesgeschwätz«. Sie nehmen nicht Wohnung in Gottes Geheimnis, sondern werden mit banalen Einreden abgespeist.

Diesen prekären Zustand der (katholischen) Sonntagskultur kann man historisch erklären, was ihn zwar nicht behebt, aber dessen Behebung längerfristig erleichtert. Die Aufklärung, in Österreich kirchenpolitisch durch Joseph II. administriert, war der Meinung, dass von der Religion nur das bleiben soll, was so wie der aufgeklärte Staat selbst der Glückseligkeit des Volks dient. Also wurden all jene Anteile des kirchlichen Lebens »aufgehoben«, die keine solche Nützlichkeit erkennen ließen: Praktiken des Volksglaubens, unnütze Formen der Frömmigkeit, aber auch beschauliche Klöster. Kurzum Joseph II., der »oberste Kirchenpatron« zumal der Kirche in der damaligen österreichisch-ungarischen k.u.k. Monarchie, hat es geschafft, die Kirchen zu gesellschaftlich »nützlichen« Einrichtungen umzugestalten. Der reduktionistische Weg von der Mystik zur Moral wurde eingeschlagen.

Eben solche josephinisch konzipierte Nützlichkeit muss die Kirche auch in modernen Gesellschaften unentwegt beweisen: im Religionsunterricht, durch eine hochentwickelte Caritas, durch sinnproduktive Bildungsarbeit. Vernützlichung allein aber führt zum Ende der Religion: Dieses wird sich jedenfalls dann einstellen, wenn sich eine andere gesellschaftliche Einrichtung als zumindest ebenso nützlich erweist.

Hier ist eine grundsätzliche Besinnung der Kirche angebracht. Ihr geht es nämlich primär nicht sosehr um individuelle oder soziale Moral (so wichtig diese bleibt), sondern zuvor und grundlegend um Mystik: also weniger um das Herstellen, sondern viel mehr um das Darstellen; weniger um das Handeln als um das Sein; nicht um Magie, wohl aber um Geheimnis. Kirche steht für ein Widerfahrnis, das einen geschichtlichen Zeitpunkt hat und ein Gesicht trägt, jenes von Jesus aus Nazaret. Die Kirche ist Ausdruck dafür, dass sich in Jesus und in seiner Nachfolge ein Bereich, ein Kraftfeld, eine handfeste Gemeinschaft ausbreitet, die »gottvoll« ist: in der es wenigstens Spuren des »Reiches Gottes« gibt.

Die Kirche als Ganze trägt deshalb den alten Ehrentitel »Immanuel«, Gott ist mit uns. Wer zur »Kirche kommt«, wer ihr von Gott »hinzugefügt« und so in sie eingegliedert wird, taucht mit seiner Freiheit und seinem Leben bewusst in diesen »gottvollen« Bereich ein, um diesen zu bilden und dessen Wirken mitzutragen. Das erfasst ihn durch und durch und wandelt sein Leben. Verdichtet »spielt« sich all das im Kernvorgang christlichen Lebens ab: in der Feier der Eucharistie.

Darum ginge es also in den sonntäglichen Zusammenkünften: Menschen, die in ihrer spirituellen Suche nach Gott aus sind, treten in einen Erfahrungsraum ein, werden »vom Vater dorthin gezogen« (Joh 6,44). Dort machen sie in Wort und Ritual eine »Gotteserfahrung aus erster Hand« und hören nicht nur »über Gott«. Sie tauchen ein in einen Gott, der sie durch seinen Heiligen Geist wandelt. Seine Nähe tröstet und ändert in einem. Indem wir also in den eucharistischen Erfahrungsraum eintreten, werden nicht nur die Gaben gewandelt in einen »Leib hingegeben für«, sondern werden auch wir, die von Gott Eingeladenen, umgewandelt in eine »Gemeinschaft, die dient«. Indem wir uns den Leib des gekreuzigten und auferstandenen Herrn »einverleiben«, werden wir als kirchliche Gemeinschaft selbst »sein Leib, hingegeben für das Leben der Welt«.

Sonntags sich zur Eucharistiefeier rufen zu lassen heißt damit nichts anderes, als bereit zu sein, »sich in Gottesgefahr zu begeben«. Die Feier von Tod und Auferstehung Jesu formt eine Gemeinschaft, die genau von dem geprägt ist, was sie feiert. Was die Kirche im

Weihevorgang dem Weihekandidaten zuruft, gilt auch für die Eucharistie feiernde Gemeinde: »Nimm hin die Gaben des Volkes für die Feier des Opfers. Erkenne, was du tust; ahme nach, was du vollziehst, und stelle dein Leben unter das Geheimnis des Kreuzes.«

Um solch eine tröstend-gefährliche gottesdienstliche Feier zu leiten sind in der katholischen Tradition die Priester bestellt. Ich sage bewusst »leiten« (und nicht nur vorstehen) und meine nicht nur gruppendynamische Fähigkeiten. Indem ich von »leiten« rede, will ich zum Ausdruck bringen, dass ein untrennbarer und zentraler Teil der Gemeindeleitung Gottesdienstleitung bedeutet. Und dass solche Leitungskompetenz für Gottesdienste sich von der (administrativen) Leitung gemeindlicher Organisationen sehr wohl unterscheidet.[16]

Einen Gottesdienst leiten zu können hat somit eine der zentralen Kompetenzen eines Gemeindepriesters zu sein. Sie zu entwickeln lief lange unter dem Begriff der »ars celebrandi«. Eine solche gilt es für heutige spirituelle Ansprüche theologisch verantwortet weiterzuentwickeln. Fragen dazu könnten sein:

- Wie kann der Erfahrungsraum des gottesdienstlichen Geschehens so gestaltet werden, dass er »gottvoll« ist? Noch mehr, dass im gekreuzigten und auferstandenen Christus Gottes tröstender und wandelnder Geist erfahren werden kann?

---

16 Beide Formen von Leitung haben – der inkarnatorischen Struktur der Kirche entsprechend – immer eine spirituelle Innenseite und eine organisationswissenschaftliche Oberfläche.

- Wie kann durch ein Ritual des Ankommens gewährleistet werden, dass Menschen, die moderner Lebensalltag aufreibt, diesen »unterbrechen« und ankommen können? Welche Momente der Stille, der Meditation, des Gesangs sind dafür tauglich?
- Welche Wortkultur ist dem Gottesdienst als Eintreten in das Kraftfeld des gegenwärtigen Gottes angemessen? Wie kann der Neigung zum Zerreden des Ereignisses widerstanden werden? Woher kommt überhaupt dieser Hang zu so vielen Worten? Signalisiert er ein Misstrauen ins Ereignis? Vielleicht gar einen Zweifel daran, dass Gott mitten unter uns ist? Vielleicht auch einen verzweifelten Versuch, der Größe des Phänomens auszuweichen, das man angstvoll in jeder, also erst recht in der gottvollen Liebesbegegnung, erahnen kann? Mit Worten kann man Dinge klein machen, Angst vertreiben, Gefahren bannen – und eben auch Gottes Ankunft hintanhalten. Das rituelle Geschehen kennt ein Wort anderer Art: nicht das erklärende, argumentative, pädagogisierende und damit leicht »zwingende« Wort, nicht das immunisierende, bannende, schützende Wort, sondern das Wort, das begleitet, auftut, erschreckt.[17]
- Kann im Gottesdienst Wandlung geschehen? Wie kann ermöglicht werden, dass die feiernde Gemeinde und die Einzelnen, die diese Feier tragen,

---

17   Zulehner, Paul M.: »Wie Musik zur Trauer ist eine Rede zur falschen Zeit« (Sir 22,6). Wider den kirchlichen Wort-Durchfall, Ostfildern ²1998.

unausweichlich vor jenen Gott kommen, der sie in der Kraft seines Heiligen Geistes wandeln will zu einem »Leib, hingegeben«? Wie kann also verhindert werden, dass das Evangelium einen »katastrophalen Mangel an Folgen« erleidet?

• Wie kann das gottesdienstliche Ereignis so »inszeniert« werden, dass alle eine Rolle spielen – was die Liturgie zum ergon tou laou, zum Tun des Volkes macht? Wie können Kinder vorkommen? Wie kann gewährleistet werden, dass einige auch hinter der Säule gerettet werden – also einfach hier sein können? Wie kann es – der inneren Nähe und Ferne angemessen – eine unterschiedlich gestufte Form der Teilhabe geben, dass also die dem Einzelnen je mögliche Teilnahmeform nicht deshalb herabgewertet wird, weil sie der liturgischen Vollform (noch) nicht entspricht? Kann das alles in einer einzigen Gottesdienstform geschehen?

Priester und mit ihnen die Verantwortlichen in den Liturgieausschüssen der Pfarrgemeinderäte haben hier noch viel zu lernen. Dabei ist die Zeit knapp. Diejenigen, die »gottvolle und erlebnisstarke«[18] Gottesdienste suchen, werden immer ungeduldiger. Finden sie in den traditionellen Gemeinden nicht, wonach sie suchen, weichen sie zunächst auf eine andere aus. Das kann den lautlosen Abschied von der Kirche einleiten.

---

18 Gott und den Menschen nahe. Passauer Pastoralplan 2000, Passau 2000.

Ritenkompetenz

Nicht wenige Seelsorgspriester stehen mit den von den Leuten gewünschten Ritualen zumal zu den Übergängen des Lebens auf Kriegsfuß. Sie haben den Eindruck, dass Kirchenmitglieder, die Rituale verlangen, sich weithin von den Erwartungen der Kirche zurückgezogen haben. Sie kommen (fast) nie zum gemeindlichen Sonntagsgottesdienst, übernehmen keine gemeindlichen Aufgaben, gehen mit den Glaubenspositionen und den moralischen Anweisungen der kirchlichen Gemeinschaft sehr (aus-)wählerisch um.

Viele von ihnen sind, so neueste Studien[19], christentumsferne Humanisten mit einem starken Einschlag an esoterischer Naturfrömmigkeit. Andere sind Religionskomponisten, die sich ihre eigene religiöse Musik machen und sich dabei der Melodien anderer alter oder neuer Religionen bedienen. Eine kleine Gruppe sind atheisierende Personen, die hinsichtlich Gott nichts zu wissen glauben oder glauben, dass es keinen gibt, zumindest nicht in jener Form, in der sie ihn in ihrem bisherigen Leben kennen gelernt haben.

Und all diese Leute erwarten nachweislich religiöse Rituale von der Kirche zu den Übergängen des individuellen Lebens, bei der Geburt eines Kindes, beim Tod eines Angehörigen, bei einer Heirat zumeist von einem Mann und einer Frau, immer mehr aber auch zwischen zwei gleichgeschlechtlichen Personen.

---

19 Zulehner, Paul M. u. a.: Kehrt die Religion wieder? Religion im Leben der Menschen 1970–2000, Ostfildern 2001.

Priester spüren, dass der Wunsch nach dem Ritual bei vielen Zeitgenossen nicht aus (zumindest ansatzhafter) christlicher Glaubensbereitschaft kommt. Das nährt bei ihnen das Gefühl, dass sie von den Leuten nicht wegen der Feier eines Sakraments gesucht, sondern als Diener heidnisch-religiöser Übergangsrituale benutzt werden.

Die Pastoral hat daraus schon seit den Siebzigerjahren den Schluss gezogen, dass die Bitte der Leute um Rituale zu den Lebensübergängen intensiv genutzt werden müsse, um (offensichtlich) fehlenden christlichen Glauben zu fördern. (Gemeinde-)Katechetische und immer mehr mystagogische Vorgänge werden gestaltet, um den vorgetragenen Ritenwunsch ansatzhaft christlich und nach Möglichkeit auch kirch(engemeind)lich zu formen. Mit dem Priester und anderen Hauptamtlichen in der Pastoral wirken vor allem Ehrenamtliche an solchen Sakramenten-Vorbereitungen mit.

Wie auch immer: Die Annahme des Wunsches der Leute nach religiösen Ritualen bereitet den Gemeinden und in diesen den Priestern immer mehr zeitaufwändige Arbeit. Und das just in einer Zeit, in der es weniger Priester gibt und diese immer mehr Gemeinden verantworten müssen.

Es überrascht auf diesem Hintergrund nicht, dass deshalb dieser Tätigkeitsbereich bei immer mehr Priestern zwiespältige Gefühle weckt. Das drückt sich auch in der niedrigen Gewichtung der Übergangsrituale im Haushalt priesterlicher Tätigkeiten aus. Nur 27% halten die Beerdigung für »sehr wichtig«, 34% das Trauen. Am meisten Gewicht bekommt mit 54% das Taufen.

Aus der Sicht der betroffenen Leute ist das ein bedenklicher Befund. Im praktischen Lebensvollzug der Menschen sind Religion und Kirche weniger an die Moral, auch nicht so sehr ans kirchliche Glaubensgebäude, sondern vor allem zu den Übergängen des Lebens an Rituale gebunden. Solche erwarten sie von ihrer Kirche, sind ihretwegen auch bereit, (zahlendes) Mitglied der Kirche zu bleiben. Und sie erwarten sich, dass sich die Kirche bei diesen Ritualen mit ihren Priestern »hochrangig« und in diesem Sinn herausragend »wertschätzend« für sie engagiert – Laien erfüllen im Rahmen des gelernten Kirchenbildes dieser Leute eine solche Rolle – leider – nicht. Die Rituale gehören jedenfalls zu jenen Gratifikationen, die trotz vieler Irritationen Menschen relativ stark an die Kirche binden. Noch mehr: Selbst bei Nichtmitgliedern, ja sogar bei einem Teil der atheisierenden Personen, werden von der Kirche rituelle Dienste erwartet.[20]

Im Übrigen bezieht sich diese Erwartung nicht nur auf die Übergänge in den privaten Lebensgeschichten der einzelnen Menschen. Den Kirchen wird bei freudigen wie tragischen Ereignissen auch des öffentlichen Lebens eine Schlüsselrolle zugewiesen: bei Seilbahnkatastrophen, Terroranschlägen, Flugzeugabstürzen, aber auch beim Jahreswechsel oder zu den hohen Festtagen.

---

20 Das zeigte die Studie AUFBRUCH in zehn postkommunistischen Ländern, dass ein beachtlicher Teil atheisierender Personen kirchliche Rituale bei Geburt, Heirat und Tod wünscht: Tomka, Miklós/Zulehner, Paul M.: Religion in den Reformländern Ost(Mittel)Europas, Ostfildern 1999.

Es gibt viele pastorale Gründe, die rituelle Kompetenz von Priestern als eine ganz wichtige einzustufen und deshalb tatkräftig zu fördern. Eine solche Ritenkompetenzmehrung beginnt damit, dass Rituale in ihrem vielschichtigen Reichtum erkannt und der Wunsch der Leute nach Ritualen seelsorglich kompetent aufgenommen und mit Klugheit und in Freiheit zum Reifen gebracht wird.

Rituale haben eine heilsame Kraft. Sie erreichen Tiefen der Seele, in die das in der Kirche so überbeliebte pädagogisierende Wort nicht vorzudringen vermag. Symbole und erzählende Worte sind ihre wichtigsten Gestaltungselemente. Religiöse Rituale sind wie »Fahrzeuge«. Sie sind in der Lage, Menschen, die mit ihnen »fahren«, »einzuordnen« in eine bergende, heilende »Ordnung«. Es ist jene Ordnung, von der eine Mutter ihrem im Dunkel der Nacht verängstigten Kind wider alle vordergründige Erfahrung zuflüstert: »Sei still, alles wird gut, es ist alles in Ordnung.«[21] Letztlich geht die rituelle »Fahrt« hinein in die heilige, heilende »Welt Gottes«. In einem gut gefeierten religiösen Ritual tut sich den Feiernden buchstäblich der Himmel auf. Bei der Taufe als Geburtsritual wird erfahren, dass der Himmel sich über das ganze Leben dieses Kindes auf Erden wölben wird; bei einer Heirat kann erfahren werden, dass – wie das Volk immer schon besungen hat – »Ehen im Himmel geschlossen werden«; und bei Beerdigungen erfahren die Menschen nicht nur den Abschied von ihren Toten, bekommen sie Hoffnung für

---

21   Berger, Peter L.: Auf den Spuren der Engel, Frankfurt 1982.

ihr eigenes Überleben in Trauer, vor allem aber wird offenbar, dass die Nacht des Todes nicht das Ende, sondern die Geburt hinein in ein bleibendes Licht ist.

Rituale wirken so zugleich religiös wie therapeutisch. Natürlich ist ein Unterschied zwischen religiös und christlich, zwischen therapeutisch und gläubig. Unterschied heißt aber nicht Widerspruch. Soziale und religiöse Motive ergänzen einander nachweislich.[22]

Es gehört zur Ritenkompetenz eines Priesters, der ein kirchliches Ritual mit Menschen, die darum bitten, feiert, dieses so zu »inszenieren«, dass möglichst viele der Dimensionen eines Rituals »wirk-lich« werden können. Es könnte Gemeinden und Priester, die sich bei der Sakramentenvorbereitung redlich mühen und dabei auf den ersten Blick wenig vorankommen, entlasten, wenn sie ernsthaft glaubten, dass Rituale auch in sich – indem sie gefeiert werden – eine »Mächtigkeit« haben. Das alte »ex opere operato« der Schultheologie wäre neu zu bedenken: dass es eben unsere pastorale Pflicht ist, die Riten der Sakramente so zu pflegen, dass sie zum Erfahrungsraum für Gottes tröstendes und umwandelndes Tun werden können und die schlecht gestaltete Feier nicht zu einem Riegel (die alte Sakramententheologie spricht von »obex«) wird, der Gottes Tun die Tür verschließt.[23]

---

22 Zulehner, Paul M. u. a.: Kehrt die Religion wieder? Religion im Leben der Menschen 1970–2000, Ostfildern 2001.

23 Es ist im Übrigen ein Prinzip der Gestalttherapie, dass man manche Dinge einfach machen und ausprobieren muss, will man merken, ob und dass sich etwas verändert: beten, mit jemandem reden, tanzen.

Praktisch hieße das schon als Erstes, alles zu tun, damit das Ritual selbst als heilsam erlebt wird. Das geschieht nicht durch Belehrung, sondern durch mitfeierndes Erleben. Auch kirchliche Rituale müssen eine Chance bekommen, sich zu ereignen. Das gäbe dem Ritual – in pastorale Begriffe gekleidet – zumindest die Möglichkeit, diakonal-therapeutisch zu wirken. Zeitgenössische Pastoraltheologie ermuntert Priester zur Ritendiakonie. Das ist ein Moment an einer weit verstandenen Diakonie der Kirche, die nicht nur physisches und soziales Elend sieht, sondern auch die Sehnsucht nach tiefer Heilung der von Daseinsangst bedrängten Seele wahrnimmt.[24]

Natürlich ist es Aufgabe der Priester, die Chance offen zu halten, dass die gesuchte religiöse Erfahrung behutsam auf eine christgläubige Erfahrung hin offen bleibt, ja sich durch Unterstützung des Priesters als einem Mystagogen entwickeln kann. Dabei ist aber zu berücksichtigen, dass dafür Worte und Belehrungen nicht immer das besttaugliche Mittel sind. Manchmal entwickelt das Ritual selbst jene mystagogische Kraft, die in katechetischen Vorgängen nur selten erreicht wird. Vielleicht gehört es zur Stärkung der rituellen Kompetenz bei Priestern, dass sie das eigene Misstrauen in Rituale wahrnehmen und bearbeiten, ja nach Möglichkeit mindern. Mag das Misstrauen dort be-

---

24 Dieses Anliegen vertreten in der Theologie zurzeit Eugen Drewermann und Eugen Biser mit Nachdruck. – Dazu: Beranek, Markus: Gemeinde als Heil-Land, Dissertation, Wien 2002.

rechtigt sein, wo sich Rituale in schwarze Magie verkehren, ist generell doch die Wirkkraft von Ritualen eindeutig von magischen Praktiken zu unterscheiden. Wo sich der Priester ganz in das Kraftfeld Gottes ausliefert und sich bewusst ist, dass nicht er es ist, der den Himmel öffnet, wirkt Gottes Geist; wo sich der Priester stolz als »Macher« erführt, Emotionen manipuliert und dirigiert und mit seiner »Inszenierung« blendet, statt sehend zu machen, ist im heiligen Raum Böses am Werk. Die Ritenkompetenz ist also gut beheimatet nur in demutsvoller mystischer Verwurzelung.

Ein religiöses Ritual, das sich zu einer Feier des christlichen Glaubens verdichtet bzw. wandelt, hat auch eine ekklesiale Dimension. Dabei ist aber nicht zu übersehen, dass »Kirchlichkeiten« von Menschen heute eine sehr komplexe Angelegenheit sind. Bildlich gesprochen gibt es viele Räume innerhalb des Kirchenhauses und zudem viele Eingänge in dieses. Es ist zu einfach, in unserer Kultur die Kirchenbezogenheit von Menschen lediglich anhand des Sonntagskirchgangs zu messen, so wichtig dieser auch im Vollzug dichten christlichen Glaubens in unserer Kultur bleibt.[25] Und so, wie es eine unsichtbare Religion gibt,

---

25 Nach allen vorliegenden religionssoziologischen Studien der letzten Jahrzehnte zeigt sich ein enger Zusammenhang zwischen der Beteiligung an dem, was an einem Sonntag in einer Gemeinde geschieht, und der christlichen Formung der Religiosität dieser Person. Zumal in nachchristlichen Kulturen ist es schwer, ohne kirchliche Vernetzung konsequent christlich zu leben.

scheint sich zunehmend eine »unsichtbare Kirchlichkeit« zu entwickeln. Ablehnung wandelt sich aus großem Abstand, die viele zur realen Kirche haben, in eine neugierige Sehnsucht.

Es ist nicht zu übersehen, dass die Feier des religiösen Rituals selbst – im Kirchenraum, in Anwesenheit eines amtlichen Repräsentanten der Kirche – durchaus »kirchlich« ist. Man mag sachlich richtig, aber eben leider abwertend »rudimentär« hinzufügen. Darin ein positives Fragment zu sehen wäre aber theologisch zulässig und pastoral vernünftiger.

Wie aber sind dann Rituale zu »inszenieren«? Welche Ritenkompetenz braucht ein die rituellen Feiern leitender Priester?

Erforderlich ist eine hohe Sensibilität für Rituale: also für Vorgänge, die eine nicht sinnenhafte Wirklichkeit sinnlich darstellen und das auf den ersten Blick zeit- und ortlose Handeln Gottes in Raum und Zeit hereininszenieren. Die Liturgie muss sensibel und gestaltungsmächtig gleichermaßen sein, das konkrete Handeln Gottes in Zeit und Raum, das der alltäglichen, oberflächlichen Betrachtung zunächst verschlossen ist, weil Gott sich nicht aufdrängt, bezwingt und fasziniert, wahrnehmbar zu machen: durch erschließendes, darstellendes, hinweisendes Wort; durch verdichtetes Symbol und leibhaftige Geste macht sich das Ritual zum Instrument Gottes, der »erklingen« lässt, was jetzt und hier »wirk-lich« geschieht.

Die derzeitige Ausbildung der Priester ist dafür ziemlich untauglich, weil sie intellektualisiert ist. Diese Kopflastigkeit hat zu jener Pädagogisierung der

Rituale beigetragen, die Alfred Lorenzer schon vor Jahrzehnten heftig angeprangert hat.[26]

Rituelle Kompetenz wächst mit dem Gespür für alles, was sinnlich ist: Raum, Zeit, Licht, Geruch, Ton, Stille, Farben, Musik, Berührung, Spiel, Darstellung, Bewegung in den vielfältigsten Formen, Tanz, Gehen, Stehen, Liegen, Essen, Fasten, Leiden und Lieben, Zärtlichkeit und (ausgeübte und erlittene) Gewalt, Schuldigwerden und Sterben.

Rituale haben viel mit Theater zu tun, damit mit Inszenierung. Sie sind Ausdruck der Fähigkeit des Menschen zum Spiel: hier zum heiligen Spiel. Priester und mit ihm alle, die ein Ritual begehen, sind so gesehen Schauspieler.[27]

Viele moderne Zeitgenossen suchen auf ihrer neuen spirituellen Reise gerade das Ritual. Es braucht eine ritenkompetente Kirche und in ihr Priester, die rituelle Vorgängen gekonnt leiten können. Die Riten gehören wieder mehr ins Zentrum priesterlicher Fähigkeiten.

Diakonische Spiritualität

Caritas rangiert im Tätigkeitskatalog von Priestern weit unten. Für (nur) 22% der befragten Priester ist es

---

26 Lorenzer, Alfred: Das Konzil der Buchhalter. Eine Theorie der Sinnlichkeit, Frankfurt 1980.

27 Das hat auch damit zu tun, dass das Theater ursprünglich aus dem religiösen Kult erwachsen ist. Theater ist heute so etwas wie säkularisierter Gottesdienst. Das erfordert, eine Theologie des Spiels zu entwickeln.

»sehr wichtig«, eine »karitative Tätigkeit auszuüben«. Dazu kommen weitere 35%, denen das zumindest »wichtig« ist.

Priester sind nach herkömmlichem Verständnis[28] auf Liturgie und Verkündigung konzentriert. Für den »dienenden« Bereich hingegen wurden schon früh in der Kirche Diakone eingesetzt. Das Zweite Vatikanische Konzil wollte das Amt der Diakone zu neuem Leben erwecken, um die diakonale Seite der Kirche auch im Amt zu verstärken. Es mag offen bleiben, wie weit dies der katholischen Kirche geglückt ist.[29] Die derzeitige Diskussion um das Amt der Diakone läuft ja weniger darum, ob sie wirklich diakonal sind, sondern ob Frauen zu diesem Amtsmodul zugelassen werden sollen.

Aber lässt sich die diakonale Dimension wirklich so einfach und vor allem folgenlos von der Liturgie und der Verkündigung abtrennen? Ist es nicht gerade die Koinonia, das Miteinander, das die Kirche erfahrbar da sein lässt, wo Diakonie, Verkündigung und Liturgie ineinander fließen – in immer neuen und schillernden Kombinationen? Vielfach ist das zwar theoretisch gewusst, aber praktisch vernachlässigt. Vielleicht fällt es auch deshalb Priestern so schwer, in den Ritualen zu den Übergängen des Lebens eine Form kirchlicher Diakonie zu erblicken: einer Ritendiakonie also.

---

28 Das gilt auch schon für die Frühzeit der Kirche: Paulus tauft nicht einmal, um sich der Verkündigung des Gotteswortes widmen zu können.
29 Dieser Frage gehen wir zur Zeit in einer Studie über Diakone im deutschsprachigen Raum nach. Angestoßen wurde die Studie von Wolfgang Tripp, Caritasdirektor der Diözese Rottenburg-Stuttgart, und dem diözesanen Projekt prodiakonia.

Nun ist schon richtig, dass das Herzstück des Glaubens die Suche nach Gott ist, das mystische Eintauchen in ihn und seine »Welt«. »Euch aber muss es zuerst um sein Reich und um seine Gerechtigkeit gehen; dann wird euch alles andere dazugegeben« (Mt 6,33). Es ist auch zutreffend, dass diese Suche nach Gott nicht vernützlicht werden darf. Sie ist ein Geschehen, das sich einfach ereignet, absichtslos. Insofern ist Anbetung, ist jede Liturgie zweckfreies und gerade deshalb sinnvolles Tun und verdient die ehrende Beschreibung eines »Spiels der ersten Freigelassenen der Schöpfung vor Gott«[30].

Dennoch: Es wäre gut, würde priesterliche Spiritualität an diakonaler Kraft hinzugewinnen – und das in ihrer ganzen Breite: »Wir wollen unser Herz, unseren Kopf und unsere Hände freihalten für die Armut in all ihren Formen.«[31] Es geht also um liebevolle Erwartung, um intellektuelle Kompetenz, die auf Aufdecken und Vermeiden all dessen abzielt, was Menschen arm und bedürftig macht, und es geht um das gemeinsame Hand An- und Auflegen, die durch kein finanzielles Opfer ersetzt werden können. Wer als arm zu bezeichnen ist, bestimmt sich in Europa nicht ausschließlich nach materiellen Kriterien, sondern Armut definiert sich in unseren Breiten zunehmend mehr als Mangel an Beziehung, an Lebenschancen, an Partizipation u. a. In jedem Fall gilt auch für den Priester: Wer liebend in Gott eintaucht,

---

30 Möller, Michael F.: Die ersten Freigelassenen der Schöpfung. Das Menschenbild Johann Gottfried Herders im Kontext von Theologie und Philosophie der Aufklärung, Frankfurt 1998.
31 Leitbild der Erzdiözese Wien, 12.

taucht als Liebender unweigerlich neben den Menschen und hier wieder neben den Arm(gemacht)en auf.

Nicht umsonst treten wir – von Gott selbst zusammengerufen – in jeder Eucharistiefeier nicht nur bewusst in das Kraftfeld Gottes ein, sondern sollten es zulassen, dass wir gewandelt werden, hinein in einen »Leib hingegeben«. Je näher wir also dem Geheimnis Gottes sind, umso mehr finden wir uns als Moment an einer dienenden Gemeinschaft wieder.

Liturgie und Gotteswort halten somit nicht von der Diakonie ab, sondern es gilt: Je tiefer jemand in die göttliche Liturgie eintaucht, desto stärker wird seine Kraft zu dienen.

Praktisch wird das für den einzelnen Priester bedeuten, dass er ganz persönliche diakonale Projekte hat. Er wird sich um Menschen annehmen, um deren Leben und Überleben er besorgt ist.

Er ist dann aber auch von Amts wegen verantwortlich dafür, dass die Mitglieder der ihm anvertrauten Gemeinde nicht nur fromm sind, sondern auch stark in handfester Diakonie. Die Pflege der gemeindlichen Caritas wird ihm ein genauso gewichtiges Anliegen sein wie die Pflege einer guten Liturgie und einer zeitsensiblen Verkündigung.

Der Priester wird sich auch darin kompetent machen, wie heute professionelle Diakonie geschieht. Das wird ihn zu einem regen Austausch mit der organisierten Caritas der Kirche führen. Er wird dafür sorgen, dass die professionelle Caritas nicht völlig jenseits der Pfarrgemeinde geschieht und alle Armen dorthin delegiert werden. Vielmehr wird eine wichtige Aufgabe des Priesters darin bestehen, eine wachsend enge Zusammenarbeit zwischen Pfarrgemeinde und Caritasverband zu sichern. Auch ein Diakon, von einer Gemeinde gewünscht und zum Dienst in ihr geweiht, macht den Priester von dieser diakonalen Herausforderung nicht frei.

Diakonale Spiritualität lebt aber letztlich davon, dass wir lernen, in Gottes Art bei den Menschen, zumal den Arm(gemacht)en zu sein. Die biblischen Weisungen sind hier einfach und praktisch. Denn von Gott wird berichtet, dass er das Leid der Unterdrückten und Ausgebeuteten sieht und ihr Klage-Schrei zu seinen Ohren dringt. Gott ist Aug und Ohr für sie. Er schaut hin, hört hin. Grundmerkmale einer diakonalen Spiritualität auch eines Priesters sind sein offenes Auge und sein offenes Ohr. Er hat gelernt, abweichend von der verbreiteten Gewohnheit satter Bürgerlichkeit, hinzuschauen statt wegzuschauen. Und wenn schon die alte syrische Kirchenordnung aus dem fünften Jahrhundert den Diakon, der hinter dem Presbyterium wohnt, das »Auge der Kirche« nennt, der am Morgen den Strand nach Toten absucht, die Kranken im Dorf aufspürt und die Unwissenden, der Belehrung Bedürftigen kennt und monatlich dem Presbyterium darüber berichtet – dann sollte ein Seelsorgspriester zumindest in der Gemeinde oder in der organisierten Caritas jemanden haben, der ihm über die Armen und Bedürftigen der Gemeinde Bericht gibt.

Zu einer diakonalen Spiritualität gehört sodann das Eintreten anstelle des kulturell verbreiteten Heraushaltens. Es gehört zu den priesterrelevanten Lehrstücken des Lukasevangeliums, dass es just der Priester ist, der aus Frömmigkeit an jenem vorüberging, der unter die Lebensräuber gefallen war. Die Nähe zum Ursamariter Jesus wird einen Priester daran hindern vorüberzugehen. In Lateinamerika wird diese Bereitschaft zum Eintreten als Option für die Armen beschrieben.

Schließlich zeichnet sich biblisch geformte Diakonie aus durch Mitleiden statt Mitleid. Mitleid kann man im Lehnstuhl pflegen. Mitleiden heißt, wie Simon von Cyrene unter das Kreuz der anderen zu treten und dieses mitzutragen.

Dass priesterliche Spiritualität immer auch eine diakonale Dimension braucht, will sie christlich bleiben, bedeutet freilich nicht, dass Priester den Schwerpunkt ihrer Arbeit in der Diakonie der Gemeinde haben. Aber ohne diese Dimension büßen Liturgie und Verkündigung nicht nur ihre Nähe zum Menschen ein, sondern sind damit zugleich in Gefahr, ihre christliche Qualität zu verlieren.

Zeitgerecht verkündigen

Das Zweite Vatikanische Konzil hat das Amtsbild des Priesters in vertiefter Weise an die Verkündigung des Evangeliums gebunden. Zugespitzt: Priester sind von Amts wegen dafür verantwortlich, dass die ihnen anvertrauten gläubigen Gemeinden in der Spur des Evangeliums und damit im Verbund mit den anderen evangeliumsartigen Gemeinden der Ortskirche bleiben.

In der Weiheliturgie des Bischofs kommt diese Bindung des Amtes an das Evangelium und die amtliche Verantwortung für dieses darin zum Ausdruck, dass ihm bei der Weihe das Evangelienbuch aufs Haupt gelegt wird.

Verkündigen heißt natürlich nicht nur predigen. Aber die Predigt im Gottesdienst gehört zu den ganz wichtigen alltäglichen Formen der Verkündigung. Die Priester spüren das deutlich: Für 61% der befragten Priester ist die Predigt im Gottesdienst »sehr wichtig«, dazu kommen weitere 20% die sich für »wichtig« entschieden haben.

Kompetent zu predigen zählt somit zu den Schlüsselkompetenzen eines Gemeindepriesters. In Aus- und Fortbildung wird dafür einiges investiert. »Zu wenig« muss man freilich hinzufügen, wenn man das verbreitete Klagen der gottesdienstlich Versammelten über die mangelhafte Predigtqualität bei katholischen Priestern bedenkt. Die Predigtkompetenz zu vermehren wird zu einer der wichtigsten Fortbildungsaufgaben von Priestern. Nicht übersehen wird dabei, dass es auch unter den katholischen Priestern wortgewaltige Prediger gibt. Nicht bezweifelt wird auch die Mühe, die sich ein Teil der Priester beim Predigtdienst macht.

All das kann aber über das verbreitete Klagen über die Predigtqualität nicht hinwegtäuschen. Immer mehr Kirchenmitglieder meiden Gottesdienste, weil sie sich deren Qualität, einschließlich der Predigten, nicht mehr gefallen lassen. Natürlich wäre es produktiver, an einer Verbesserung der Predigten mitzuwirken, den Prediger zu stellen, vielleicht sogar – was ich einmal in Südafrika erlebt habe – während der Predigt aufzustehen, dazwischenzurufen. Aber soviel Courage haben unsere Kirchenmitglieder nie gelernt. So wählen sie nicht das Votum des lautstarken Protests, sondern das lautlose Votum der Füße. Kirchen leeren sich nicht nur, weil sich Leute mit dem Glauben schwer tun, sondern noch mehr mit den Predigten.

Predigten, so die Klagen, sind zu lang, oft randvoll mit leeren Worten, was nicht dadurch besser wird, dass in einer einzigen Eucharistiefeier an immer mehr Stellen »gepredigt«, erklärt, kommentiert, moralisiert wird. Predigten fehlt häufig das intellektuelle Niveau. Spirituell sind sie ebenso seicht wie theologisch. Man merkt die schlechte Vorbereitung. Vielfach ist auch bis zum Ende eines Gottesdienstes beim besten Willen nicht herauszubekommen, was der Prediger sagen will.

Als besonders originell gilt es, statt über die Botschaft zu reden, über Probleme bei der Vorbereitung zu berichten – wie schwer man sich mit dem Text tut, wie sehr man mit ihm gerungen hat, was aber im Ergebnis nicht zum Ausdruck kommt. Man bekommt den Eindruck, am Verdauungsvorgang des Predigers teilzunehmen, statt ein verdautes Ergebnis zu erhalten. Kurzum, zu oft bekommen die Menschen, die in einem Gottesdienst sind, den Eindruck, dass das Predigen nicht zu den wichtigsten und daher ernst genommenen Tätigkeiten katholischer Priester gehört.

Vielfach wird auch die Verbindung zwischen dem Evangelium und dem konkreten Leben der Menschen nicht gemeistert. Priester scheinen sich mit den Fragen moderner Kultur zu wenig zu befassen: mit der Wissenschaft, der Kultur, der Kunst, der Poesie – also mit jenen Vorgängen modernen Lebens, in denen es immer mehr um die letzten Fragen der Menschen geht.

Nicht wenige Priester spüren das auch selbst und leiden darunter. Nach ihren Wünschen für die Fortbildung gefragt, steht bei 59% ganz oben »zeitgemäße Glaubensbegründung«.

Hier wird sehr deutlich, dass die theologische Fortbildung von Priestern ein ganz sensibler Zukunftsbereich ist. Fortbildung gilt es dabei so zu organisieren, dass die für den priesterlichen Dienst erforderlichen Kompetenzen gemehrt werden können.

Nützlich wäre es zur Mehrung der Predigtqualität, könnten die Prediger zumindest einige Jahre Erfahrungen im Religionsunterricht sammeln. Hier kommen sie mit einer weit breiteren Schar von Jugendlichen in Berührung, als sie das jemals in ihrer Pfarrei erleben werden können. Aber auch die Situation von Rede und Gegenrede bzw. Gegenanfrage kann hellhörig machen und die Grundkompetenz des Hinhörenkönnens lehren, die manch »beamteter Prediger« oft zu wenig kultiviert. Worthülsen werden in diesem Dialog unnachgiebig aufgemacht, unreflektiert und oberflächlich Übernommenes kommt auf den Prüfstand, Komplexes muss auf den Punkt gebracht, elementarisiert werden. Vor allem wird die Frage nach dem Lebensbezug und der Lebensdienlichkeit von Glauben gestellt – sehr pragmatisch nicht nur im Horizont von letztem Sinn, sondern einer konkreten jetzigen Hilfe für ein gelingendes Leben. Und dies alles muss in jener Sprache beantwortet sein, welche die Jugendlichen auch verstehen können. Klassische Sonntagsprediger lernen oder gehen in diesem Feld unter – was übrigens predigenden Laien genauso passieren kann.

Nützlich wäre es zur Mehrung der Predigtqualität vor allem, würden die Prediger dann und wann wenigstens die Predigt mit anderen vorbereiten. Warum bildet der Prediger nicht mit anderen wachen Christinnen und Christen am Wochenbeginn eine Runde, in der die biblischen Texte des kommenden Sonntags gemeinsam meditiert werden? Warum nimmt der Prediger sich nicht Zeit, gute Kommentare zu lesen, aus dem Internet abzurufen? Warum lässt er sich nicht schon vor seinem »Predigtauftritt« von jemandem zurückmelden, wie das ankommen wird, was er zu predigen vorhat? Warum nehmen Prediger keine Supervision? Es wäre ja auch denkbar, wenigstens einmal im Quartal nach dem Gottesdienst die Kirchgänger zu bitten, zu einer Predigtnachbesprechung zusammenzubleiben. Wo immer ich solche Möglichkeiten bei Priesterkonferenzen vorstelle: Ich bekomme nicht den Eindruck, dass sie weidlich genützt werden. Predigtdienst ist so besehen nicht eine einsame Angelegenheit der Priester, sondern selbst ein gemeindlicher Vorgang.

Leiten lernen

Gleich nach dem Wunsch, mehr Fortbildung in »zeitgemäßer Glaubensverkündigung« zu erhalten, steht die Erwartung nach mehr Fortbildung in »Leitung und Teamarbeit« (49%). Diese Kompetenz ist schon dann sehr wichtig, wenn einem Priester die Verantwortung für nur eine Gemeinde übertragen wird. Sie modifiziert sich, wenn es mehrere Gemeinden sind, denen ein Priester vorsteht.

»Leiten« ist eine Dienstleistung für die Gemeinde: Denn Leitung emächtigt andere, die zu sein, das zu tun, was sie sind und was sie können. Leitende sind dafür verantwortlich, dass die Gemeinde lebendig bleibt. Leitung ist Ermächtigung. Auf eine gläubige Gemeinde bezogen umfasst dies mehrere Ebenen:

- Denn einerseits kommt die Lebendigkeit »von innen«, aus Gottes Kraft und Geist, aus dem anvertrauten Evangelium
- und andererseits sind es Menschen, die mit allen »Menschlichkeiten« zusammenleben und zusammenarbeiten.

Auch der Vorgang des Leitens ist von der inkarnatorischen Struktur des Heils und damit der Kirche geprägt. Es ist nicht nur ein »spiritueller« Vorgang, auch nicht nur ein »organisatorischer«, sondern nach dem Gesetz der »Inkarnation« immer beides in einem.

Die organisationsbezogene Dimension ist nun in hohem Maße kulturell geprägt und im Wandel der Zeiten formbar. Es sind ja nicht abstrakte Menschen, die zusammenleben und zusammenarbeiten, sondern Menschen aus einer konkreten Kultur und ihren Vorstellungen vom Menschen und seiner Würde, von Respekt vor Freiheit und Selbstverantwortung jeder Person sowie von Autorität, Verantwortung und Macht. Das wiederum berührt die Bilder von Leitung, damit verbunden aber von qualifizierter Teilhabe vor allem an jenen Vorgängen, die alle betreffen.

Das Zweite Vatikanische Konzil hat angesichts der Vorstellungen der modernen Kultur aus diesem Grund sein Bild von der Kirche vertieft und angereichert. Die

Kleruskirche erweiterte sich zu einer Volk-Gottes-Kirche, die »Kirche für das Volk« wurde ergänzt durch die »Kirche des Volkes«.[32] Durch solche Entwicklungen im Kirchenbild ist leiten nicht überflüssig, sondern im Gegenteil noch wichtiger geworden. Die Regel lautet nämlich jetzt: Je mehr Menschen sich an Vorgängen beteiligen wollen und können, desto wichtiger wird Leitung. Oder kurz: Je mehr (»synodale«) Partizipation, desto mehr Leitung.

Das Vatikanische Kirchenbild kennt in seiner Lehre von den Mitgliedern im heiligen Gottesvolk (laós) keine Unberufenen und keine Unbegabten. Im priesterlichen Gottesvolk sind alle priesterlich: die einen durch ihr gemeinsames Priestertum, das allen gläubigen Kirchenmitgliedern zuteil wird, die anderen durch das amtliche Priestertum, das dem gemeinsamen dient.

Leiten heißt dann aber nicht nur, für die Lebendigkeit der Gemeinschaft verantwortlich zu sein, sondern dass die Lebendigkeit dadurch sich mehrt, dass möglichst viele Kirchenmitglieder sich als Glieder der Kirche fühlen und dies in Leben und Tat auch realisieren.

Kardinal Vlk hat als Präsident des Rates der Europäischen Bischofskonferenzen 1992 auf einem Symposium in Prag formuliert: Kirchliches Amt, damit leiten in der Kirche, lässt sich nur ausüben »personal, kollegial und synodal«.

---

32 Gemeinsame Synode der Bistümer der Bundesrepublik Deutschland: Unsere Hoffnung, Würzburg 1975.

Das meint, dass das Leitungsamt in seiner letzten Verantwortung unvertretbar ist. Dem steht eine schleichende Leitungsverweigerung gerade bei »zeitgemäßen Gemeindeleitern« gegenüber. Denn Leitung und damit Ausübung von amtlicher Vollmacht wird von manchen als Widerspruch zur christlichen »Brüderlichkeit« und »Schwesterlichkeit« verstanden. Wird deshalb Leitung nicht oder nur zögerlich und inkompetent ausgeübt, dann entsteht ein gemeindliches Leitungsvakuum. Dieses begünstigt aber nicht die Beteiligung möglichst vieler, sondern eher die Macht informeller Gruppen. Personal bleibt die Amtsausübung auch wegen ihres prophetischen Grundcharakters. Natürlich ist das Prophetische wiederum eine Eigenschaft der ganzen Kirche und ihrer gläubigen Gemeinden. Zudem waren in der Geschichte des Volkes Israel die Propheten zumeist nicht die Priester. Letztere lebten vielmehr in beträchtlicher Spannung mit den Propheten und wurden von jenen nicht selten heftig angegriffen (wie etwa im Buch Amos eindrücklich nachzulesen ist). Das Prophetische ist zudem keinesfalls immer eine Sache von Mehrheiten. Personale Amtsverantwortung kann daher auch bedeuten, sich in einer Minderheitsposition zu befinden und diese vertreten zu müssen – gelegen oder ungelegen, und nicht nur gelegentlich. Das braucht nicht autoritär zu geschehen. Denn es gibt ja auch die Möglichkeit, die prophetische Widerständigkeit in ein langdauerndes Ringen umzuformen.

Kollegial

Leiter einer Gemeinde können gar nicht anders, als in Teams zu arbeiten. Das schmälert nicht ihre personale Leitungsverantwortung, konkretisiert und prägt sie aber. Teamarbeit ist deshalb erforderlich, weil Seelsorge längst nicht mehr wie in den ehedem christentümlichen Gesellschaften als »Ein-Mann-Ereignis« geht: Damals war das möglich, weil die Gesellschaft mit all ihren Einrichtungen die Christlichkeit des Volks garantiert hat. Heute ist Seelsorge außerordentlich zeit- und personenintensiv. In einer keinesfalls homogenen Kultur sind Einzelne mit oder gegen ihre Familien für christlichen Glauben zu gewinnen – was zumeist einen langen Glaubensweg zu gehen bedeutet. Es braucht heute mehr seelsorglich Tätige, will man in Freiheit »großkirchliche« und gerade deshalb freiheitliche Kirchenverhältnisse bewahren. Diese vielen ehren- wie hauptamtlich Tätigen müssen koordiniert zusammenarbeiten. Das geschieht in vielfältigen arbeitsteiligen Teams. Aufgabe eines gemeindeleitenden Priesters ist es dann aber, solche Teams arbeitsfähig zu machen, sich in solche einzubinden und auf diese Weise ihre Leitung wirkungsvoll auszuüben.

Synodal

Schließlich zeichnet sich Amtsausübung durch gestaltete Synodalität aus. Auch das ist eine einfache Konsequenz aus dem gläubigen Wissen, dass Gott in seiner Kirche nicht nur durch einzelne Amtsträger wirkt, son-

dern durch alle von ihm der Kirche »Hinzugefügten«
(Apg 2,41): »Jedem ist die Offenbarung des Geistes gegeben, damit sie allen nützt«, so Paulus an die Chris-
tengemeinde in Korinth (1 Kor 12,7). Wenn letztlich
Gott seine Kirche leitet, dann bestimmt durch jene, die
er mit dem Charisma der Leitung begabt hat (1 Kor
12,28). Aber er macht die kirchliche Gemeinschaft auch
dadurch lebendig, dass er seinen Geist über alle seine
Söhne und Töchter ausgießt. Leitung heißt daher, mit
diesen geistbegabten Mitgliedern der Kirche eng zu-
sammenzuwirken. Das geschieht menschlich geordnet
und darf wegen seiner Wichtigkeit nicht dem Zufall
überlassen werden. Zusammenwirken heißt dann
nicht, dass der Priester Aufgaben an die Laien verteilt.
Vielmehr bedarf es gemeinsamer Beratungen, was
heute seelsorglich zu tun ist. Dazu müssen jene, denen
Gott seinen Geist und mit ihm auch Bilder vom Leben
und Wirken der Kirche heute ins Herz gelegt hat, zusammenkommen, miteinander beraten und den auf-
wändigen Weg zu Entscheidungen möglichst lange gemeinsam gehen. Vor allem an jenen Entscheidungen
sollen die Kirchenmitglieder mitgestalten können, die
sie unmittelbar betreffen und die für ihre Mitarbeit in
der Kirche Auswirkungen haben. Je ernsthafter die Beteiligung am Entscheidungsvorgang ist, desto wahrscheinlicher ist es auch, dass die Beteiligten eine Aufgabe als ihre ureigenste betrachten und von innen her
bewegt werden, an der Aufgabe auch tatkräftigst mitzuwirken. Identifikation kommt aus Partizipation, so
eine uralte Regel. Zusammenkommen (zum Beraten,
zum Vorbereiten von Entscheidungen, manchmal auch

zu Entscheiden) heißt griechisch syn-odos: ein Weg, der zusammenführt. Das Amt wird also umso wirksamer und fruchtbarer zum Wohl der kirchlichen Gemeinschaft ausgeübt werden können, je mehr es Formen gut geleiteter Synodalität gibt. Solche Synodalität ist kein Widerspruch zur Letztverantwortung der Leitung, sondern ein Beitrag zur Optimierung der Amtsausübung.[33]

Es wird damit schon deutlich, was die Kompetenzen einer geistlichen Gemeindeleitung sind: Zu lernen ist, wie jene Visionen sich ausbilden, welche vielen Orientierung geben und motivieren, mitzumachen. Wichtig ist die Fähigkeit zur gemeinsam entwickelten Projektarbeit, weil der Weg zur Vision nur in kleinen Schritten geordnet und verlässlich gegangen werden kann. Je mehr sich am Entwurf visionsgeleiteter Projekte engagieren, umso mehr werden auch »Miteigentümer« dieser Projekte und deshalb zu deren Durchführung bereit sein. Aufgabe der Leitung ist es dann aber, diese Mitwirkenden zu begleiten, Mitarbeitergespräche zu führen, diese zu coachen. Konflikte sind Zeichen von Lebendigkeit. Daher gehört es zur Kompetenz der Leitung, Konflikte kooperativ bearbeiten zu lernen.

Kompetent Gemeinden leiten zu können zählt zu den zentralen Erfordernissen des Priesteramts. Wer es

---

33 Das war die Hauptstärke der Pastoralen Entwicklung in der Diözese Passau in den Jahren 1997–2000. Der Pastoralplan war das Ergebnis gut »geleiteter Synodalität«. Dass manche Kirchenkreise dem Passauer Altbischof Franz X. Eder Leitungsschwäche vorwarfen, ist letztlich kein brauchbares Urteil über die gekonnt ausgeübte synodale Leitung, sondern offenbart, dass die Kritiker ein unsynodal-autoritäres Leitungsverständnis haben.

gut kann, wird daran auch Freude haben. Denn leiten ist dann Teil jener Gestaltungsmacht, die in Gemeinschaften hohes Ansehen genießt. Die Priester haben ein gutes Gespür, wenn für sie unter den Fortbildungswünschen »Leitung und Teamarbeit« eine herausragende Position besitzen.[34]

---

34 Bei aller Notwendigkeit einer nachhaltigen Kompetenzförderung für die Seelsorgepriester stellt sich die Frage, wie diese Fort- und Weiterbildung in einer Art und Weise geschehen kann, dass es nicht zu einem einbahnigen Wechselspiel von (meist zentralen) Versorgern und (meist dezentralen) Versorgten kommt. Diese Grundstimmung kommt weder der Zentrale noch den Pfarreien und schon gar nicht den Gemeinden zugute. Wie also kann ihr wirksam begegnet werden?

Eine Möglichkeit wäre es, das Bewusstsein der Zuständigkeit für die Entwicklung der eigenen Kompetenzen durch gezielte Verteilung von Verantwortlichkeiten innerhalb überschaubarer Gemeinschaften zu wecken. In einer solchen ist einer beispielsweise dafür zuständig, sich mit den Ergebnissen der Religions- und Kultursoziologie zu beschäftigen und für eine Verbreitung seines angeeigneten Wissens so zu sorgen, dass aufgrund dessen alle Priester gemeinsam Konsequenzen für ihre Arbeit bedenken, umsetzen und die verschiedenen Versuche auch evaluieren. Ein anderer etwa beschäftigt sich im Sinne eines weitgefassten Begriffs von Diakonie mit gesellschaftlichen und ökonomischen Vorgängen, auf die aus der Katholischen Soziallehre erhellendes Licht geworfen werden kann und ermuntert so auch andere, (auch kritisch) auf die gesellschaftlichen Rahmenbedingungen, unter denen sich das Leben der Menschen vollzieht, zu achten.

Damit soll die Verantwortung der diözesanen Zentrale keinesfalls vernachlässigt werden: Diese hat zu unterstützen, zu koordinieren, (mit) zu finanzieren, bei Bedarf externe Referenten zur Verfügung zu stellen, für Vernetzung zwischen den entstandenen verschiedenen Kompetenzzentren zu sorgen – aber alles eher im Modus des Ermöglichens als des Verordnens, eher im Sinne der Subsidiarität als in der Art eines Allzuständigen, der immer schon weiß, wo es lang geht.

So könnte es geschehen, dass (auch intellektuell) brachliegendes Kapital fruchtbringend ans Tageslicht treten kann. Aber auch mancher Theorie-Praxis-Graben (manchmal heißt er auch Pastoralamt-Pfarrei-Graben) könnte überbrückt werden, wenn so jeder seine Kompetenzen selbstbewusst wahrnimmt und letztlich sich bewahrheitet, dass Kirche eine lernende Organisation sein muss – ihres Auftrags wegen. (Vgl. Pastorale Entwicklung Passau, 5.)

Der Bischof und das Presbyterium

Eine Variation der bisherigen Überlegungen zur Leitung ist die Leitungskultur des Bischofsamtes. Wir schauen auf dieses lediglich, insofern es die Priester, das Presbyterium betrifft.

Die Gemeinschaft der Diözesanpriester ist für die personale, kollegiale und synodale Ausübung des Bischofsamts unverzichtbar. Die Priester sind Mitarbeiter des Bischofs vornehmlich in den Gemeinden. Auf sie verlässt er sich, für sie sorgt er vor: für die erforderlichen Arbeitsbedingungen, ihre Kompetenzen, in Gesundheit und Krankheit, im Alter finanziell. Der Bischof ist zur wirksamen Ausübung seines Bischofsamtes auf »seine Priester« angewiesen. Und zwar auf jene, welche er konkret in seinem Presbyterium hat und die er in dieses »hineinweiht«. Ein Bischof kann sich »seine« Priester nicht aussuchen, sondern muss mit jenen, die da sind, leben und arbeiten.

Die Studie unter den Priestern hat gezeigt, wie bunt das Presbyterium der in die Umfrage einbezogenen Diözesen ist. Neben den zeitlosen, modernitätsskeptischen Klerikern finden sich zeitoffene Gottesmänner. Neben diesen die zeitnahen Kirchenmänner und schließlich die am ehesten modernitätsverträglichen zeitgemäßen Gemeindeleiter.

Es ist eine hohe Kunst, ein derart vielfältiges Presbyterium zu leiten. Diese Kunst ist umso höher einzuschätzen, als ja anzunehmen ist, dass der Bischof selbst eine biographisch gewachsene Vorliebe für eines der vier Amtsverständnisse hat.

Auf dem Zweiten Vatikanischen Konzil wurden viele Bischöfe aus zeitlosen Klerikern zu zeitoffenen Gottesmännern geformt. Unmittelbar nach dem Konzil wurden die Ortsbischöfe zumeist aus dem Pool dieses Amtstyps genommen. Zeitoffenheit und Treue zum Evangelium in einem waren wichtige Kriterien für die Suche nach geeigneten Kandidaten fürs Bischofsamt.

Heute scheint die oberste Kirchenleitung bei der Auswahl der Bischofskandidaten – zum Ausbalancieren, wie sie manchmal entschuldigend hinzufügt: aber nur deshalb? – wieder Personen zu bevorzugen, die eher dem Typ des zeitlosen Klerikers angehören.[35] Dabei scheint das Schlüsselkriterium eine lupenrein kritikfreie Loyalität nicht so sehr zur Kirche, sondern zur römischen Zentrale zu sein. Ein Kandidat, über den bei den Recherchen vor der Bestellung auch nur von einem und wenn auch nur am Rande erwähnt wurde, er hätte sich kritisch zu »Rom« (was immer das ist) geäußert, hat zur Zeit keine Chance, ins Bischofsamt berufen zu werden.

Aus welchem Amtstyp auch immer Bischöfe genommen werden: Sie brauchen auf jeden Fall die hohe Fähigkeit – selbst unvermeidlich »einseitig« geprägt –, mit einem vielfältigen Presbyterium schöpferisch le-

---

35 Diesen Balanceakt kann man anhand verschiedener Bischofsernennungen auch innerhalb einzelner Diözesen verfolgen, z. B. in Wien von König zu Groër oder in Salzburg von Berg zu Eder. Und wer wird in Limburg nach Kamphaus oder in Mainz nach Lehmann und in Mailand nach Martini kommen?

ben zu können. Die entsprechende Fähigkeit dazu heißt in der Fachsprache Pluralitätstoleranz[36], ein Persönlichkeitsmerkmal, das aber nachweislich just bei den zeitlosen Klerikern am wenigsten ausgebildet ist. Bei der Suche nach geeigneten Kandidaten für das Bischofsamt wird daher künftig nicht nur zu fragen sein, ob es sich um Personen mit einer zeitoffenen Spiritualität handelt, ob sie den Zölibat schätzen, Priesterkleidung tragen, Humanae vitae verteidigen und ohne Wenn und Aber gegen die Frauenordination sind. Es wäre auch sinnvoll, sich danach zu erkundigen, ob sie aufgrund einer hohen Pluralitätstoleranz die Einheit in einem bunten Presbyterium stärken können. Das könnte auch bedeuten, dass sie bevorzugt auf den Rat jener Priester hören, die einem anderen Amtstyp als sie selbst angehören.

Solch eine Eigenschaft muss sich im Lauf des priesterlichen Dienstes bei einer Person ausgebildet haben, die bischofstauglich sein soll. Am besten merken das die Menschen aus dem unmittelbaren Arbeitsbereich eines ins Auge gefassten Kandidaten, der dann vom Nuntius durchgecheckt wird. Wen aber fragt ein Nuntius? Wenn er klug ist, dann Priester unterschiedlicher Amtstypen – auch Priester also, die offenkundig wieder anders sind als er selbst, aber auch anders als der Kandidat.

---

36 Hole, Günter: Fundamentalismus, Dogmatismus, Fanatismus: Der Konsequenzzwang in der Persönlichkeitsstruktur und die Chance der Toleranz, in: Pluralismus in Gesellschaft und Kirche – Ängste, Hoffnungen, Chancen, hg. v. Paul M. Zulehner, Freiburg 1988, 56–85.

Von hier aus ist der Weg nicht weit, über erweiterte Formen der Beteiligung der Priester an der Suche nach einem Bischofskandidaten für ihr eigenes Presbyterium nachzudenken. Die derzeitigen Modalitäten sind wie ein russisches Roulette. Zu viele Zufälligkeiten sind im Spiel: die Vorlieben des jeweiligen Nuntius, die Kommunikationspfade, die sich einflussreiche Oberlaien und Bischöfe zu den römischen Entscheidungsstellen gelegt haben und auch so oft gehen, dass die Wege als gut ausgetreten gelten müssen.[37] Fragt man einen Nuntius oder einen Bischof aus der Bischofskongregation, wie dieser oder jener denn bei der Auswahl letztlich zum Erwählten wurde, dann kann man schon hören, dass ein Prälat aus dem Vatikan in die Kongregation kam und ausrichten ließ, der Heilige Vater wünsche den und den, und damit sei das vorgesehene abwägende Verfahren zu Ende. Aber, so muss man zumal bei einem Papst – dessen Arbeitskraft durch Krankheit merklich eingeschränkt ist – fragen, durch den hindurch immer mehr sein Sekretär regiert: Wie kommen denn Papst (und Sekretär) zu ihrer Entscheidung? Wer aus der betroffenen Ortskirche war beim Papstsekretär vorsprechen?

---

37 Das lässt sich bei der Bestellung einer Reihe österreichischer Bischöfe gut belegen. Auch bei der Bestellung des neuen Bischofs in Passau gibt es gesicherte Anhaltspunkte dafür, dass die Bischöfe Meisner und Mixa sich auf solchen Pfaden gegenüber Wetter (als Metropoliten) und Lehmann (als Vorsitzendem der Deutschen Bischofskonferenz) klar durchgesetzt haben. Klärenswert ist bei solchen Vorgängen auch die Rolle der Nuntiaturen.

Die Art und Weise, wie derzeit ein Presbyterium zu seinem Bischof kommt, führt in zu vielen Fällen zu einem Ergebnis, das über Jahre hinweg mehr pastorale Kräfte unnütz bindet, denn einen pastoralen Aufbruch begünstigt. Oftmals muss auch ein aus dem Amt scheidender »zeitoffener« Bischof fürchten, dass ihn ein enger Mann »beerbt«, weil er selbst sich pastoraler Offenheit befleißigt hat. Manchmal erhalten Bischofsernennungen den Charakter der Vergabe von Kirchenpfründen. Und das ist ein harter Rückfall hinter die ekklesiologischen Grundauffassungen des Zweiten Vatikanischen Konzils.

Die Priester verlangen nicht zu Unrecht, dass sie an der Suche nach den Kandidaten für das Bischofsamt in ihrer Diözese wirksam beteiligt werden. Kaum einer bestreitet das Ernennungsrecht des Papstes. Priester wünschen sich aber mehrheitlich eine geordnete und transparente Konsultationspflicht des Papstes. 70% haben sich für eine so verstandene Bischofswahl durch die Priester ausgesprochen.

Bischöfe hätten dann auch eine bessere Chance, dass sie das Vertrauen »ihrer Priester« bekämen. Es war in den letzten Jahren bitter zu beobachten, wie manche österreichische Bischöfe in persönlichen Gesprächen darüber klagten, dass große Teile im Klerus sie nicht als »ihren Bischof« angenommen haben. Zudem könnten die Priester hoffen, dass auch ihr Bischof seinerseits mehr auf ihren Rat hören würde. Es ist äußerst bedenklich, dass nur 8% der Priester voll und ganz der Meinung sind, die Tätigkeit des Priesterrates habe einen nachhaltigen Einfluss auf die Entscheidungen des Bischofs. Weitere 21% nehmen einen gewissen Einfluss an: Das sind zusammen nicht einmal ein Drittel.

Allerdings sind das alles Wünsche, die derzeit bei einigen römischen Stellen kein Wohlgefallen finden. Steht zum Beispiel im Entwurf des Schlusstexts einer nationalen Synode (wie in Slowenien unlängst geschehen) geschrieben, die Bischöfe mögen enger mit dem Priesterrat zusammenarbeiten und auf dessen Rat hören, dann kommt rasch eine römische Korrektur: Der Bischof sei in seiner Amtsausübung frei und dürfe durch solche Beschlüsse nicht gebunden werden. Das fördert bestimmt die Autokratie des Bischofs, nicht aber die Lust der Priester, sich in Gremien wählen zu lassen und den Bischof zu beraten. Der Preis ist eine wachsende schädliche Kluft zwischen dem Bischof und dem Presbyterium.

Frauenförderung: Gestaltungsmacht und Positionsmacht

In einem Buch über die Priester in der katholischen Kirche ist das Thema Frauen ein Konfliktthema. Papst Johannes Paul II. hat die römisch-katholische Kirche, gestützt auf ihre lange Tradition, festgelegt, dass die Priesterweihe Frauen nicht offen steht. Dennoch halten 38% es für ganz sicher, dass trotz der Entscheidung des Papstes die »Frage theologisch möglich ist«, weitere 20% stimmen dieser Aussage abgestuft zu. Das ergibt einen Wert in Richtung zwei Drittel. Die Unvereinbarkeit von Ordo und Frauen ist in der untersuchten Priesterschaft zwar disziplinär-autoritativ, nicht aber theologisch-argumentativ eindeutig und klar.

Noch stärker kommt im Meinungsbild der Priester die Verbindbarkeit von Ordo und Frauen zum Vorschein, wenn es sich um das Diakonat als Stufe des Ordo handelt. Dabei wurde den Priestern erspart, sich bei der Beantwortung der Frage mit der historisch durchaus zulässigen Frage zu belasten, ob jene Frauen, die früher einmal zu Diakoninnen geweiht worden waren, Diakone im heutigen Sinn waren. Der Versuch dieser historischen Differenzierungen besteht ja offenkundig im Versuch, das Faktum von Diakoninnen in der Kirchengeschichte von der Frage der Vereinbarkeit von Frauen und Ordo zu trennen – und zwar durch den Schachzug, dass eben die früheren Diakoninnen etwas anderes waren als ein Teil am Ordo.

Die Priester, die wir heute befragt haben, waren mit solchen Unterscheidungen nicht versorgt worden. 46% haben sich für das Diakonat der Frau uneingeschränkt ausgesprochen, weitere 16% abgestuft. Das sind neuerlich nahezu zwei Drittel.

Sind solche Priester allesamt Opfer einer modernen Selbstsäkularisierung des Amtes? Üben sie nicht einen Verrat an der Tradition? Stehen sie nicht zumindest hinsichtlich der Unvereinbarkeit des weiblichen Geschlechts mit der Priesterweihe im blanken Gegensatz zu dem, was offizielle Lehre des Papstes ist?

Dabei hat die Studie klar gezeigt, dass es auch bei der Frage des Diakonats für Frauen generell um die Weihefähigkeit von Frauen geht: Ob Diakonat oder Priesterweihe scheint – in der zunehmend in den kirchlichen Untergrund abgedrängten Debatte – weithin unerheblich zu sein. Das spüren die Verantwortlichen in Rom durchaus auch selbst, denn sonst wären sie nicht auch in der auf den ersten Blick leichteren Frage der Diakonatsweihe für Frauen so restriktiv.

Priester zumal in den hochmodernen Kulturen Deutschlands, Österreichs und der Schweiz scheinen sich in der Frauenamtsfrage mit der Entscheidung ihrer eigenen Kirche nicht leicht zu tun. Sie kommt ihnen zumindest in hohem Maße fragwürdig vor. Nicht wenige halten es für möglich, dass das »Nie-und-Nimmer« der päpstlichen Entscheidung auch nicht viel länger halten wird wie das »Nie-und-Nimmer«, das im Jahre 1864 Pius IX. in seinem Syllabus gegen die liberalen Irrtümer der Demokratie und ihrer Grundrechte ausgesprochen hatte: gegen Religionsfreiheit, Meinungsfreiheit, Pressefreiheit, Gewissensfreiheit. 101 Jahre später, in Dignitatis Humanae, hat das Zweite Vatikanische Konzil diesen Syllabus nicht direkt widerrufen. Vielmehr erklärte es, dass das, was vor 101 Jahren im Kampf gegen den kirchenkämpferischen »Liberalismus« mehr aus kirchenpolitischer Besorgnis verurteilt worden war, nunmehr aus einem tieferen Verständnis des Evangeliums von der Kirche gelehrt werde. Könnte es also nicht sein, dass ein ähnlicher Count-down auch mit dem »Nie-und-Nimmer« des Papstes Johannes Paul II. gegen die Frauenordination begonnen hat? Und niemand kann sagen, wie lange es jetzt dauern wird, bis die Kirche sagt, dass aus einem tieferen Verständnis des Evangeliums heraus es nicht nur keine Hindernisse, sondern viele gute Gründe gibt, ein bis dahin sich weiterentwickeltes »Priesteramt« auch Frauen zu übertragen?

Da ich kein Prophet bin, vermag ich diese Entwicklung nicht vorhersehen. Aber ein solches futurologisches Denkmodell könnte zumindest verstehbar machen, warum so viele Priester, die ja zu den Virtuosen des Evangeliums gehören und nicht nur bei der Taufe, sondern auch bei ihrer Weihe mit dem Heiligen Geist gesalbt worden sind, die derzeitige kirchliche Position zumindest für fragwürdig ansehen.

Allerdings kann die Fixierung auf die Priester- oder Diakonatsweihe von Frauen davon abhalten, Frauen heute schon mehr Gestaltungsmacht in der katholischen Kirche zu übertragen. Manche machen es den Bischöfen leicht, gegen die Ordination von Frauen zu sein, indem sie Frauenpartizipation und Priesterweihe für Frauen zu einem Zeitpunkt junktimieren, zu dem noch viele Lern- und Erfahrungsprozesse ausstehen. Kirchenpolitisch ist es zielführender, wenn im Rahmen jetziger kirchenrechtlicher Möglichkeiten bereits Frauen an kirchlichen Schaltzentralen ihren Platz einnehmen können. Dabei geht es nicht nur um jene Frauen, die sich etwa im Bereich Ökonomie oder Rechtswissenschaften für ein Amt qualifiziert haben. Ansteht die Förderung von Theologinnen, für die entsprechende Qualitätskriterien hinsichtlich ihrer Ausbildung wie für männliche Laien und für Priester gelten. Es gibt jedenfalls keinen theologisch einsichtigen Grund, warum an theologischen Fakultäten der Frauenanteil so niedrig ist, während die Anzahl der Theologiestudierenden zwischen Männern und Frauen inzwischen ziemlich ausgeglichen ist. Es gibt keinen theologisch einsichtigen Grund, warum nicht Frauen, sondern fast nur Männer die Katholischen Akademien im deutschsprachigen Raum leiten. Ebenso wenig ist es theologisch einzusehen – und es gibt ja dagegen genug erfreuliche Gegenbeispiele –, warum Frauen nicht theologisch und kirchenpolitisch relevante diözesane »Ministerien« leiten sollen: das Schulamt und den durchaus gewichtigen Bereich der Diözesanfinanzen, wie dies beispielsweise in meiner eigenen Heimatdiözese Wien der Fall ist. Die Diözese Basel-Solothurn wiederum hat eine Ordensfrau als Kanzlerin. Es ist erfreulich, dass es darüber hinaus noch viele weitere Beispiele gibt.

Was also unbeschadet der Frauenordination die katholische Kirche braucht, sind Bischöfe, die hier zukunftsorientiert – nicht immer unter großem Beifall ihres Presbyteriums – ganz konkret Frauen in Entscheidungspositionen mit Gestaltungsmacht setzen. Erforderlich ist dazu auch ein Presbyterium, das seine Frauenbilder angstfrei mit Frauen gerade in Leitungspositionen entfaltet. Man wird mit einer ebenso breiten Palette an Kompetenzen und persönlichen Begabungen, wie man sie Männern gemeinhin zutraut und zugesteht, auch bei Frauen in der Kirche rechnen dürfen. Frauen in der Kirche wiederum nur auf (vermeintlich!) spezifisch weibliche Beiträge, die da sind

Emotionalität, Ganzheitlichkeit, Verbindlichkeit, erhöhte Sensibilität und Empathie, reduzieren zu wollen, wird nicht der Weg sein. Auch Eigenschaften wie intellektuelle Kapazität, Durchsetzungsvermögen, manchmal auch Bereitschaft zum Widerstand sind bei Frauen reichlich vorhanden. Hier ist noch ein weiter und steiniger Weg zurückzulegen, den manch einer, der sich leidenschaftlich für die Priesterweihe der Frau stark macht, unterschätzt: für sich selbst, aber auch für seine Mitbrüder.

Wichtig sind auf dem Weg zur stärkeren Beteiligung von Frauen an der kirchlichen Gestaltungsmacht wirksame Frauenförderpläne, die in einer Diözese auch zum einklagbaren Anliegen aller werden müssen. Solchen scheint aber derzeit eine schleichende Reklerikalisierung nicht nur der Amtsdiskussion, sondern auch der kirchlichen Entscheidungs- und Gestaltungsmacht entgegenzustehen.

Priester
anderer Art

Der pastorale Notstand spitzt sich zu. Der Grund dafür ist der wachsende Mangel an Seelsorgspriestern.

Zwar gibt es immer wieder verhaltene Hinweise von diözesanen Ökonomen, dass man sich mehr Priester ohnehin finanziell nicht leisten könne und die jetzige Situation für den ohnehin schon erschreckend geringen budgetären Spielraum durchaus hilfreich sei. Vielleicht wäre allein das ein Grund, über ein ehrenamtliches Priesteramt nachzudenken.

Aber auch manche Diözesanleitungen, willig von Theologen unterstützt, sind der Ansicht, dass es gar keinen Priestermangel gibt. Deren pragmatische Milchmädchenrechnung sieht so aus: Zur Zeit nimmt nicht nur die Zahl der verfügbaren Seelsorgspriester, sondern auch die Zahl jener Kirchenmitglieder ab, welche die Dienste eines Priesters in Anspruch nehmen. Das Verhältnis zwischen den aktiven Gläubigen und den vorhandenen Priestern habe sich also gar nicht verändert. Relativ besehen gebe es pro Katholiken gleich viel, wenn nicht sogar mehr Priester.

Solches Argumentieren unterstellt, dass die Priester so etwas wie Biographie- und Hauskapläne der einzelnen Gläubigen sind, welche sie – wie einst die Fürsten – individuell versorgen. Je weniger Gläubige da sind, desto weniger solche persönliche Hauskapläne braucht es. Es bedarf dann nur einer Reorganisation des Marktes: Auch die Wirtschaft mutet Kunden, die eine seltene Ware kaufen wollen, längere Einkaufswege zu. Dann aber sollte es auch zumutbar sein, dass sich die »religiösen Einkaufswege« verlängern. Die Zahl der Geschäfte kann dann reduziert werden, weil es sich gar nicht lohnt, für zu wenige Kunden ein Geschäft zu eröffnen. Vielmehr ist es rationeller und kostenfreundlicher, die Anzahl der Verkaufsstellen zu reduzieren.

Was aber, wenn man die Priester nicht in Bezug auf religiöse Einzelbiographien versteht, sondern in Bezug auf gläubige Gemeinden, und wenn man zudem noch gemeindefreie Priester hinzuzählt, die neue Gemeinden gründen könnten? Und wenn man – wie es mitgliederschwache protestantische Gebiete im Norden Deutschlands schon praktizieren – von einer Mindestzahl an Gemeindemitgliedern ausgeht, um einen systemisierten Pfarrerposten eingerichtet zu lassen? Darüber könnte bestimmt auch in der katholischen Kirche diskutiert werden, wie groß eine gläubige Gemeinde zu sein hat, dass sie auch »eucharistiefähig« ist und deshalb mit innerer Sinnhaftigkeit einen Vorsteher für die Eucharistie, aber auch einen Gemeindevorsteher als Sinnbild Christi des handelnden Haupts der Gemeinde »braucht«.

Wie immer diese konkrete Gemeindegröße aussehen wird – manche nehmen als biblische Symbolzahl die heilige Zahl siebzig an, welche auch gruppendynamisch sinnvoll erscheint –, es steht dann in jedem Fall fest, dass es für eben die zweifelsfrei vorhandenen gläubigen eucharistiebereiten Gemeinden in vielen Kirchengebieten zu wenige Priester gibt. Dann aber herrscht sehr wohl pastoraler Notstand.

Auswirkungen auf die Seelsorgspriester

»Der Priestermangel kann keinesfalls allein durch höhere Arbeitsanforderungen an die Priester und durch bloßes Zusammenlegen von Pfarreien behoben werden. Je höher die Belastung, desto dringlicher braucht es Zeit zur Ruhe und Besinnung. Reflexion und Meditation gehören an die erste Stelle des pastoralen Prioritätenkatalogs. Auch am Sonntag sollte ein Priester in der Regel höchstens zweimal zelebrieren; mehr wäre weder ihm noch der Gemeinde zumutbar. Schließlich wäre es unverantwortlich, ältere Priester bis zur Erschöpfung ihrer Kräfte auf einer Pfarrei zu belassen.

Will die Kirche nicht unverantwortlich handeln und über kurz und lang einen Zusammenbruch der Seelsorge infolge des Priestermangels riskieren, darf sie die Entwicklung nicht dem Zufall überlassen oder auf eine Tendenzwende warten; denn Gottes Geist wirkt normalerweise durch menschliche Vermittlung.«[38]

Dieser Text aus der Gemeinsamen Synode in Deutschlands Diözesen 1975 zeigt schon eine hohe Empfindsamkeit dafür, dass der Pfarrermangel die Lebens- und Arbeitsqualität der Priester nachhaltig betrifft. Weil das Kirchenrecht (c. 517 §2 CIC) vorsieht, dass die Leitung einer Pfarrgemeinde immer in der Hand eines Pfarrmoderators sein muss, der hinter einem gemeindeleitenden Laien oder Diakon steht, welcher an der presbyteralen Leitungsaufgabe beteiligt wird, wachsen den residierenden und moderierenden Pfarrern in Zeiten des zunehmenden Priestermangels immer mehr Aufgaben zu.

Wir haben im Anschluss an die Studie **PRIESTER 2000**© verschiedentlich darauf hingewiesen, auf wel-

---

38 Gemeinsame Synode: Dienste und Ämter, 5.3.1.

che Weise viele Priester auf die neue Notlage reagieren.

- Nicht wenige der vielen ohnedies schon älteren Priester nehmen die neue Lage widerstandslos hin; sie denken angesichts der wachsenden Arbeitslast, dass sie nicht mehr lange zur Pensionierung haben, die sie dann zum frühest möglichen Zeitpunkt beanspruchen.
- Die Jüngeren, die noch mehr Jahre vor sich sehen, werden zunehmend widerständig. Ein »sekundärer Abwehrklerikalismus« wächst heran. Dieser Teil der Priester findet sich nicht damit ab, dass die leutebezogenen seelsorglichen Anteile der Arbeit an »ungeweihte Laienpriester« gehen und ihnen vor allem die (zum Großteil organisatorische) Leitung mehrerer Gemeinden einschließlich der damit verbundenen Gremienarbeit und Verwaltung sowie die Feier der Sakramente verbleibt.

Leidtragend sind aber immer mehr die gläubigen Gemeinden selbst. Die neuen Raum- und Personalkonzepte vieler Diözesen signalisieren alten gewachsenen Pfarrgemeinden unverhohlen, dass sie künftig keinen Pfarrer mehr haben werden.

Auswirkungen auf die pfarrerlosen Gemeinden

Praktisch ändert sich in vielen Gemeinden das religiöse Alltagsprogramm tief greifend, wenn sie »ihren Pfarrer« verlieren. Nicht nur, dass in vielen kleineren Pfarreien auf dem Land – neuestes freilich auch in städtischen Regionen – kein Priester mehr am Ort lebt.

Das ist allein schon ein kultureller Verlust für diese Ortschaften, die nach der Schule, der Gemeindeverwaltung, der Post, dem Kleinladen, dem Wirtshaus, der Polizei nun am Ende auch noch den Pfarrer verlieren.

Ausgedünnt wird die Eucharistiefrequenz.[39] Die katholische Kirche, die eine hohe Wertschätzung der sonntäglichen Eucharistiefeier hat, beginnt sich abzufinden, dass diese in vielen gläubigen Gemeinden immer seltener stattfindet. Sie macht sich damit schuldig an solchen gläubigen Gemeinden und verletzt damit ihr eigenes Grundrecht.[40] Denn dieses sieht vor:

»Die Gläubigen haben das Recht, aus den geistlichen Gütern der Kirche, insbesondere dem Wort Gottes und den Sakramenten, Hilfe von den geistlichen Hirten zu empfangen« (c. 213 CIC).

Natürlich enthält jede Not auch ihre Chancen. Gerade jene katholischen Gemeinden, in denen nicht mehr jeden Sonntag ein Priester einer Eucharistiefeier vorstehen kann, haben gelernt, in hoher Qualität Wortgottesdienste zu feiern. Dazu sind auch kompetente Wortgottesdienstleiter und -leiterinnen ausgebildet und zumeist vom Bischof selbst gesandt worden. Liebevoll sagen manche Leute in Niederbayern zu diesen am

---

39 Meine Überlegungen sprechen nicht gegen die Verringerung zu vieler Sonntagsgottesdienste: Konzentration kann ein Teil der Verbesserung der Qualität der Sonntagsgottesdienste sein. Das hat aber mit dem Pfarrermangel nichts zu tun.

40 Mehr dazu: Primetshofer, Bruno: Das Recht auf Sakramente im Spannungsfeld zwischen Grundrecht und Kirchenordnung, in: Zeichen des Lebens. Sakramente im Leben der Kirchen – Rituale im Leben der Menschen, hg. v. Paul M. Zulehner/Hansjörg Auf der Maur/Josef Weismayer, Ostfildern 2000, 223–240, hier 224.

Sonntag an Stelle einer Eucharistie gefeierten Wortgottesdiensten »Weibermessen«. Von kompetenten Frauen geleitete Wortgottesdienste gehören daher zu jenen wertvollen Vorgängen, über welche das Kirchenvolk an Gottesdienstvorsteherinnen gewöhnt wird.

Nicht wenige sehen diese Entwicklung als einen unverzichtbaren Schritt in Richtung Priesterweihe von Frauen an. Denn auf diese Weise werde jener psychosoziale Widerstand abgebaut, der in vielen Kirchenmitgliedern gegen die Verbindung des Weiblichen und des Heiligen kulturell vorhanden ist.

Priesterbänke aufstellen und besetzen

Es kann allerdings nicht mehr lange so weitergehen wie bisher, dass aus administrativen Gründen die Zahl und damit die Größe der Seelsorgsräume der schrumpfenden Zahl von verfügbaren Seelsorgspriestern angeglichen wird.

Priester anderswoher

Es hat sich auch nicht bewährt – sieht man von einzelnen erfreulichen Einzelbeispielen ab –, in unseren Breiten vermehrt indische oder afrikanische Priester einzusetzen. Und auch mit den Priestern aus den (noch) priesterreichen Regionen Ost(Mittel)Europas ist es meist nicht nur sprachlich schwierig. Deutlich verschiedene Seelsorgsvorstellungen lassen sich nicht leicht miteinander vereinbaren. Auch und gerade in kirchlich-pastoraler Hinsicht lebt Europa zur Zeit mit ganz unterschiedlichen Geschwindigkeiten. Nach unserer Priesterstudie haben beispielsweise kroatische Priester Vorstellungen von ihrem Dienst wie die österreichischen Priester im Jahre 1971. Da liegen somit dreißig Jahre Entwicklung dazwischen, die bei uns nach dem Zweiten Vatikanischen Konzil in den Gemeinden gelaufen ist, in Ost(Mittel)Europa aber durch die kommunistische Repression behindert worden war.

Wie immer man es auch dreht, wir kommen nicht um die Kernfrage herum: Wie kommen morgen gläubige eucharistiebereite Gemeinden zur sonntäglichen Eucharistiefeier und damit zu einem Priester, der dieser vorsteht? Hinter diesen einfachen Fragen verbergen sich eine Menge von Teilfragen inhaltlicher wie strategischer Art. Von solchen soll nunmehr die Rede sein.

Um mehr Priester beten

In der herkömmlichen Kirchendebatte wird die Lösung im Gebet um mehr Priesterberufe gesucht. Aber solches Gebet dürfe nicht einfach ein »Ausdruck von Resignation« sein – »als hätten wir schon alles für Berufungen getan, und jetzt bliebe nichts als beten«. Gebet könne nicht bedeuten, dass man das Problem an Gott delegiert. Kein Geringerer als Johannes Paul II. wählte solche klare Worte zur verbreiteten Flucht in die hymnischen Ausreden des Betens.

Aber wir beten ja nicht nur um mehr Priester. Auch die Berufungspastoral wird mit hohen Summen gefördert, Büros werden ausgebaut, teures Personal wird dafür freigestellt. Österreich hat ein Jahr der Berufung ausgerufen. Die Werbung für den Priesterberuf wird intensiviert.

Ich halte all diese Maßnahmen für überaus angebracht und notwendig. Die Ermutigung Jesu, »ohne Unterlass zu beten«, gilt nicht nur für den Frieden in der Welt, für die Gerechtigkeit zwischen den Völkern und zwischen den Religionen, für die Einheit der christlichen Kirchen, sondern genauso für Berufungen und damit auch für Priesterberufe.

Priester reden jungen Menschen zu

Nun aber beten wir in den priesterarmen Regionen schon jahrzehntelang inständig um mehr Priester. Dazu kommt, dass die Priester mit jungen Männern darüber reden, ob sie nicht Priester werden möchten. 52% der befragten Priester machen dies, wenn sich eine Gelegenheit dazu bietet, 44% wenn sie gefragt werden. Lediglich 4% raten jungen Menschen ab. An mangelndem Gebet und an zurückhaltendem Zureden kann es also nicht liegen.

Aber vielleicht fehlen uns die gläubigen Gemeinden, aus denen Priester kommen könnten. Bischof Joachim Wanke aus Erfurt hat die These vertreten, der Priestermangel sei eine direkte Folge des Gläubigenmangels.[41] Nun gibt es schon lange empirisch nachweislich diesen engen Zusammenhang zwischen der Glaubenskraft einer Region und der Anzahl der Berufungen zum Ordensleben und zum Priesteramt.

Priestermangel und Gemeindemangel

Die Frage ist nur, ob nicht auch der umgekehrte Satz richtig ist: Der Priestermangel wird den Gemeindemangel weiter verschärfen. Die deutschen Bischöfe haben ja zu Recht 1977 über den Priester geschrieben, dass es seine Aufgabe sei, »Gemeinden zu gründen und zu leiten«. Es ist auch amtstheologisch die Aufgabe des Priesters als geistlichem Leiter der Gemeinde, die geistliche Kraft der Gemeinde zu fördern. Natürlich kann das auch ein mitarbeitender Laie – Mann oder Frau, hauptamtlich oder ehrenamtlich – machen. Noch mehr, die geistliche Stärke zu fördern ist Aufgabe aller, die Mitglieder der Kirche sind.

Pastoraltheologisch hat die Annahme also viel für sich, dass es eine unentflechtbare Wechselwirkung zwischen der Glaubensstärke einer Gemeinde und dem geistlichen Dienst eines gut arbeitenden Priesters gibt. Wenn Priester dieser Aufgabe nicht nachkommen, dann folgt daraus ein Bildungsbedarf und keine Verzichtserklärung auf Priester.

---

41 Deckers, Daniel: Die Kirche als Selbsterhaltungsbetrieb? Priestermangel ist eine direkte Folge des Gläubigenmangels. Wort des Erfurter Bischofs Wanke lassen die Vollversammlung in Augsburg aufhorchen, FAZ 8.3.01.

Kirche von innen

In diesem Gefüge von Glaubensstärke und Priester hat die sonntägliche Eucharistiefeier ihren Platz. Hier werden die Gemeindemitglieder als »Kirche von innen« aufgebaut. Wandlung geschieht hinein in einen »Leib, hingegeben«, also in eine Gemeinschaft, die dient. Eucharistielose Gemeinden sind dann aber solche, bei denen diese gefahrvolle »Wandlung« der Menschen seltener wird. Wiederum: Natürlich ist solch wandelndes Handeln Gottes – das immer durch seinen Heiligen Geist geschieht – nicht ausschließlich an die Eucharistiefeier gebunden. Sie kann sich ebenso im Wort Gottes ereignen oder in der dienenden Liebe zumal zu den Armgemachten. Denn: »Der Wind weht, wo er will; du hörst sein Brausen, weißt aber nicht, woher er kommt und wohin er geht« (Joh 3,8).

Aber es macht wenig Sinn, wenn die Kirche selbst den gläubigen Menschen, welche zur »Wandlung« bereit sind und solche mit der Eucharistiefeier verbinden, sagt, dass es auch ohne diese geht (und womöglich zugleich die Sonntagspflicht einmahnt) – ja, den Leuten signalisiert, dass das Entscheidende des kirchlichen Lebens letztlich auch ohne Kirche möglich ist. Die derzeitige Kirchennotpolitik ist eine Politik, welche die Kirche in Not bringt – statt dass sie ihre Not beseitigt.

Viri probati?

Also viri probati! Es braucht die Ausweitung der Zulassungsbedingungen: So rufen an dieser Stelle viele.

Solches wird in der Tat von einer beträchtlichen Anzahl der befragten Priester aus pastoralen Gründen gefordert: »... weil sonst viele Gemeinden ohne regelmäßige Eucharistiefeier sein werden.« Im Schnitt aller befragten Priester in allen Untersuchungsregionen sind es 49%, die uneingeschränkt[42] dafür votiert haben. Dazu kommen weitere 28%, die ein »eher ja« gewählt haben.

Je jünger die Befragten sind, desto schwächer wird allerdings die Forderung nach der Änderung der Zulassungsbedingungen. Bei ihnen wie in Fachkreisen sowie offenen Kirchenleitungen gibt es sichtlich starke Bedenken gegen eine rasche Weihe von viri probati.

Zu Recht oder zu Unrecht befürchten manche, es könnte bei einer raschen Gewinnung fehlender Priester jene Chance des Priestermangels vertan werden, von der in der Gemeinsamen Synode der deutschen Bistümer 1975 schon die Rede war:

»Aus einer Gemeinde, die sich pastoral versorgen lässt, muss eine Gemeinde werden, die ihr Leben im gemeinsamen Dienst aller und in unübertragbarer Eigenverantwortung jedes Einzelnen gestaltet. Sie muss selbst mitsorgen, junge Menschen für das Priestertum und für alle Formen des pastoralen Dienstes zu gewinnen.«[43]

Die Befürchtung ist, dass eine Art »Reklerikalisierung von unten« passieren könnte.

---

42 Skalenwert 1 = stimme voll zu auf einer vierteiligen Skala.
43 Beschluss »Die pastoralen Dienste in der Gemeinde« 1.3.2, in: Gemeinsame Synode der Bistümer in der Bundesrepublik Deutschland, Freiburg 1976, 602.

Andere wiederum meinen, dass mit der Weihe von viri probati und damit der Aufgabe der Ehelosigkeit als Zulassungskriterium zur Weihe der Zölibat unter den Weltpriestern verschwinden werde. Auch die katholischen Priester würden dann mehrheitlich wie Rabbiner, Imame und evangelische Pastorinnen und Pastoren, orthodoxe Popen oder griechisch-katholische Priester verheiratet sein. Dass es dann unter den verheirateten Priestern solche gebe, die mit der Ehe nicht zu Rande kommen und deshalb von der Aufhebung des Pflichtzölibats abraten, ist ein gar schlechtes Argument gegen die Öffnung des Priesteramts in der herkömmlichen Form für verheiratete Männer. Denn das Scheitern liegt nicht an der Lebensform, sondern kommt aus der Person und deren Lebensgeschichte wie deren Lebensumstände. Das gilt gleichermaßen für Ehelosigkeit und Ehe.

Priesterbänke statt Priestersitz

Bischof Fritz Lobinger[44] aus der südafrikanischen Diözese Aliwal und von ihm inspiriert auch ich[45] denken schon geraume Zeit über einen anderen Ausweg aus dem Pfarrermangel nach. Es ist die Idee von Priestern anderer Art.

---

44 Zum Hintergrund: Lobinger, Fritz: Wie Gemeinden Priester finden. AfkSDossier 16, Wien 1998. – (Englisch:) Like his brothers and sisters: ordaining community leaders, New York 1999.
45 Kerkhofs, Jan/Zulehner, Paul M.: Europa ohne Priester, Düsseldorf 1995.

Um die Idee plakativ in ein Bild zu setzen:

- Es steht (bildlich gesprochen) in einer gläubigen Gemeinde nicht ein Priestersitz, sondern eine Priesterbank.
- Es gibt also nicht eine Person im Priesteramt in dieser Gemeinde, sondern mehrere Personen.
- Dabei verschwindet der heute bekannte Priestertyp (Lobinger nennt ihn den »Paulus-Priester«) nicht. Aber neben ihm entsteht ein neuer Typ auf der Priesterbank (der »Korinth-Priester«). Es ist nicht mehr die eine Person, die alles Kirchliche tut, es ist nicht ein Einzelner. Es wird dauernd abgewechselt. Jeden Sonntag predigt ein anderer, ein anderer aus der Gruppe hat den Vorsitz usw.
- Und diese kleine Gruppe ist aus vielen anderen Gruppen herausgewachsen, weil die ganze Gemeinde nun mehr »sorgt«, anstatt »versorgt« zu werden. Nicht nur diese eine Gruppe bildet sich weiter, sondern auch die anderen. Das Klerikale ist aus solchem Gemeindeleben geschwunden.[46]
- Die Priesterbank wird also nicht von anderswoher kommenden und gemeindefern ausgebildeten Priestern herkömmlicher Art besetzt, sondern von Personen, die im Normalfall aus der eigenen Gemeinde kommen.

Der Kirche ist eine solche Lösung nicht unvertraut. Die längste Zeit gab es auch in unseren Breiten meh-

---

46 Diese Ideen wurden von Bischof Fritz Lobinger im Zuge des E-Mailings rund um dieses Thema der Gemeindepriester neuer Art formuliert: Lobinger, Fritz: E-Mail vom 14.2.2002.

rere Priester in einer einzigen Pfarrgemeinde: Neben dem Pfarrer arbeiteten Kapläne, Vikare etc. Es gibt auch heute noch Kirchengebiete, in denen ganz selbstverständlich mehrere Priester in einer einzigen Gemeinde arbeiten.

Diese Priester kommen aber zur Zeit nicht aus der eigenen Gemeinde. Und eben diese Art, Gemeinden mit Priestern, die von außen kommen, zu »versorgen«, funktioniert heute in vielen Gebieten der römisch-katholischen Kirche nicht mehr.

Vielleicht hat es auch unbeabsichtigte Vorteile, dass diese »Versorgung« von Gemeinden durch Priester nicht mehr klaglos funktioniert. Denn durch die Versorgung mit Priestern bleibt zumeist die Gemeinde in einem gewichtigen Punkt immer noch eine »versorgte« Gemeinde. Eben diesen Zustand versuchte das Konzil und wollten die postkonziliaren Diözesan- und Nationalsynoden überwinden. Aus versorgten Gemeinden sollten selbstsorgende werden.

Das wäre nun ein Ernstfall einer selbstsorgenden Gemeinde: Sie sucht in ihren eigenen Reihen gemeindeerfahrene Personen[47], die aus- und fortgebildet werden und dem Bischof als Gruppe zur Weihe auf die leere Priesterbank vorgeschlagen werden. Es ist klar, dass das zunächst ein Umdenken in den betroffenen

---

47 Für die nächsten Jahrzehnte ist in der katholischen Kirche hier mit Sicherheit an Männer zu denken. Es ist aber nicht zu übersehen, dass eine beträchtliche Zahl der von uns befragten 2500 zentraleuropäischen Priester meint, dass trotz der klaren Entscheidung Roms in dieser Frage diese dennoch theologisch weiterdiskutiert werden solle.

Gemeinden braucht: dass dabei dann aber neben einem neuen Gemeindebild auch ein neuer Priestertyp entsteht, ist vorhersehbar. Und solange es nicht den neuen Priestertyp gibt, werden sich Gemeinden auch nicht nachhaltig und theologisch zielführend um jene eigenen gemeindeerfahrenen Personen kümmern, die sie dem Bischof zur Weihe auf die leere Priesterbank vorschlagen werden.

Sobald sich dann aber eine solche (vielleicht erst in der harten Not des Priestermangels) umlernende Gemeinde durchringt, sich selbst für ihr Presbyterium neuer Art verantwortlich zu fühlen und diese Verantwortung nicht mehr allein dem Bischof zu überlassen (der natürlich nach der Grundverfassung der katholischen Kirche immer noch das letzte weihende Wort hat), dann stellt sich als nächstes die sehr pragmatische Frage: Wie kommen diese Personen aus der eigenen Gemeinde auf die Priesterbank? Und wie werden sie für ihre Aufgabe vorbereitet und bei deren Erfüllung begleitet? Diese Frage spitzt sich für den Fall zu, dass die Gemeinde sich für diesen Weg entscheidet, dabei aber der gesamtkirchlichen Entwicklung einen minimalen Schritt voraus ist.

In diesem Fall braucht es neue Vorgehensweisen. Erstens ist es notwendig, dass die gläubigen Gemeinden selbst es auch als ihre ureigenste Aufgabe betrachten, sich um ihren Pfarrer zu kümmern. Und das in einer anderen Weise als bisher.

- Auszugehen ist davon, dass der Bischof über Jahre hinweg keinen Priester hat, den er in die Gemeinde schicken kann.

- Nun wird der Gemeinde geholfen (etwa durch Gemeindeberatung), diesen Mangel als Chance[48] zu nützen. Sie beginnt, viele Aufgaben selbst zu übernehmen, die bisher der Priester wahrgenommen hatte, die aber auch von Gemeindemitgliedern ausgeübt werden können. Dabei lernt die Gemeinde ein neues Selbstverständnis, lernt zusammenzuarbeiten und Charismen zu entdecken.
- Dann beginnt sich die Gemeinde in ihren eigenen Reihen umzusehen, ob es nicht geeignete Personen gibt, die das presbyterale Amt übernehmen könnten.
- Zusammen mit dem Bischof planen sie eine gemeindenahe Ausbildung dieser Personen.
- Dann bitten sie den Bischof, er möge diesen Personen die Hände auflegen und sie zu Priestern weihen.
- Zusammen mit der Diözese bedenken sie, auf welche Weise diese Priester auf ihrer gemeindlichen Priesterbank fortgebildet werden.

Um mit diesem ihrem Anliegen kirchenpolitisch voranzukommen (es ist zunächst mit heftigem Widerstand der Kirchenleitungen zu rechnen), organisieren sich jene Gemeinden, die vor der gleichen Herausfor-

---

48 Johannes Paul II. zu diesem gängigen Umdeutungsversuch des Priestermangels in die einmalige Chance zur Laienförderung: »Geben wir uns nicht zufrieden mit der Erklärung, der Mangel an Priesterberufungen werde doch kompensiert durch den stärkeren apostolischen Einsatz der Laien oder er wäre sogar von Gott gewollt, um die Laien zu stärken.« Das Gegenteil sei wahr, so der Papst: Je mehr Laien großzügig ihre Berufung leben, umso mehr Priester würden auch gebraucht. KATHPRESS vom 16.2.2002, 9.

derung stehen. Eine »Organisation der Gemeinden ohne Priester am Ort« (kurz OGOPO) entsteht. Ihre Mitglieder tauschen Erfahrungen aus und machen gemeinsam Kirchenpolitik. Woche um Woche meldet sich eine Delegation ihres Netzwerks beim Generalvikar, beim Bischof oder beim Nuntius an, um mit flexibler Hartnäckigkeit das gemeinsame Anliegen in Erinnerung zu halten.

Nun kann man natürlich solche Initiativen aussitzen. Die katholische Kirche hat mit dieser Strategie jahrhundertelange Erfahrungen. Das war früher auch deshalb nicht schwer, weil es im breiten Kirchenvolk nur wenig theologisches Wissen gegeben hat.

Amtlich handeln ohne Amtsträger?

Das ist heute anders. Das theologische Wissen ist seit dem Zweiten Vatikanischen Konzil aufgrund hervorragender kirchlicher Bildungsarbeit bis in die letzten Gemeindewinkel vorgedrungen. Die Menschen in den Gemeinden wissen Bescheid, was im Lauf der Kirchengeschichte schon alles möglich war. Und Kirchengeschichte ist für die Kirchenentwicklung eine der wichtigsten theologischen Disziplinen, weil sie aufzeigt, welch unterschiedliche Sozialformen und Handlungsweisen Gottes Geist im Lauf der Geschichte seiner Kirche erschlossen hat, ganz zu schweigen von jenen, die er noch erschließen wird.

Tertullian

Immer mehr Menschen in den Gemeinden ohne Priester am Ort werden dann auch Kenntnis erlangen von einem Text des altkirchlichen Theologen Tertullian.

Tertullian (160–220) ist einer der geistreichen und zugleich (oder eben deshalb) umstrittenen Theologen der kirchlichen Frühzeit. Im Jahr 193 nach lockerem Leben Christ geworden, macht er bald mit den römischen Klerikern schlechte Erfahrungen. Diese drängen ihn zunehmend an den Rand der Kirche, die er schließlich 205 verlässt: und zwar in Richtung der schwärmerischen und sehr rigorosen nordafrikanischen Bewegung der Montanisten, die sich eher amtsskeptisch verhielt.

Tertullian setzt nun in einer seiner Schriften als selbstverständlich voraus, dass eine Gemeinde, welche Eucharistie feiern will, aber keinen Priester hat, für diese Feier einen aus ihrer Mitte nimmt. Dieser steht der Eucharistie vor.[49]

Tertullian ging es bei seinen Überlegungen gar nicht um die Eucharistie und ihre Beziehung zum Priesteramt. Vielmehr wollte er, dass nicht nur die verheirateten Priester nach dem Tod ihrer Ehefrau nicht

---

49 Legrand, Hervé M.: The Presidency of the Eucharist According to the Ancient Tradition, in: Worship 53 (1979) 413–438. – Faivre, Alexandre: Les laics aux origines de l'Église, Paris 1984. – Van Beneden, Pierr-Joseph: Haben Laien ohne Ordinierte die Eucharistie gefeiert? Zu Tertullians »De exhortatione castitatis« 7,3, in: Archiv für Liturgiewissenschaft 29 (1987) 31–46. – Neben Tertullian ist auch hinzuweisen auf Theodoret von Cyrus (393–466), Kirchengeschichte (um 449/450) 1, 23, 5.

ein zweites Mal heiraten dürfen – eine Regelung, die bis heute in den orthodoxen Kirchen gilt und die auch die katholische Kirche nach dem Zweiten Vatikanischen Konzil für die Diakone übernommen hat. Seine Absicht war, auch den übrigen Laien diese Regelung aufzuerlegen: Auch gewöhnliche Christen und Christinnen sollten kein zweites Mal heiraten können.

Um das zu begründen, beginnt er nachzuweisen, dass im Notfall auch ein Laie priesterlich handeln kann – »opfern« und »taufen« gelten als die zwei zentralen priesterlichen Tätigkeiten –, ein Laie also in diesem Sinn immer auch potentiell ein Priester ist. Wenn er aber Priester ist, dann trifft auf ihn auch das Wiederheiratsverbot zu.

Und so argumentiert Tertullian:

»Sind nicht auch wir Laien Priester? Es steht geschrieben: ›Er hat uns zu Königen gemacht und zu Priestern für Gott und seinen Vater.‹ Den Unterschied zwischen Priesterstand und Laien hat die Autorität der Kirche festgesetzt und die von Gott geheiligte Rangstellung im Kreise der Kleriker. Wo es keinen kirchlichen Stand gibt, da bringst du das heilige Opfer dar und spendest die Taufe und bist für dich allein Priester; selbstverständlich ist da eine Kirche, wo drei beisammen sind, mögen sie auch Laien sein.«[50]

---

50 De exhortatione castitatis 7,3: »Nonne et laici sacerdotes sumus? scriptum est: regnum quoque nos et sacerdotes deo et patri suo fecit. differentiam inter ordinem et plebem constitut ecclesiae auctoritas et honor per ordinis consessum sancitifcatus a deo. ubi ecclesiastici ordinis non est consessus, et offers et tinguis et sacerdos es tibi solus; scilicet ubi tres, ecclesia est, licet laici.«

Selbst wenn sich in Tertullians Argumentation schon montanistische Gedankengänge hinsichtlich der zweiten Eheschließung von Laien finden sollten – er argumentiert immerhin mit einer unumstrittenen faktischen Praxis im Kirchengebiet von Karthago zu seiner Zeit. Dabei unterstellt er nicht nur die Heilsnotwendigkeit der Taufe, sondern auch die der Eucharistie. Diese Heilsnotwendigkeit führt dazu, dass die Feier dieser beiden Sakramente nicht von der Verfügbarkeit eines anwesenden Priesters abhängig gemacht werden darf. Für die Taufe ist das bis heute unumstritten. Hinsichtlich der Eucharistie hingegen gewinnt diese Überlegung angesichts des heutigen Pfarrermangels an brisanter Dringlichkeit:

»Das Verb ›offers‹ ist in Exh. cast. 7,3 im Sinne einer eigentlichen und vollwertigen Eucharistiefeier zu verstehen. Zu diesem Ergebnis führt einerseits die Möglichkeit, ›offers‹ mit ›panem‹ oder ›sacrificium‹ zu ergänzen, andererseits die sprachliche und gedankliche Verbindung von ›offerre‹ mit ›tinguere‹. Taufe und Eucharistie sind ja die wichtigsten ›sacramenta‹ für das Leben im Glauben, das die Gerechtigkeit vor Gott wirkt. Aus diesem Grund tritt eine Notlage dann ein, wenn keine Ordinierten vorhanden sind, um diese ›sacramenta‹ zu vollziehen. In einer solchen Notlage übernahmen Laien die Funktion von Amtsträgern (agere pro sacerdote) nicht nur im Falle der Taufe, sondern auch – wie Tertullian es hier bezeugt – der Eucharistie. Sie waren dazu aufgrund des allgemeinen Priestertums des Gottesvolkes berechtigt. Eine Interpretation von ›offers‹ als Kommunionfeier, in der

›praesanctificata‹ genossen wurden, widerspricht den Gedankengängen Tertullians sowohl als den redlichen Gebrauch eines terminus technicus.

Die Relevanz des Textes dürfte vor allem in der Bezeugung einer existierenden Praxis bestehen, die auch in der Catholica befestigt war. Die montanistische Entwicklung Tertullians hat keinen Einfluss auf das Zeugnis gehabt und beeinträchtigt dessen Glaubwürdigkeit nicht. So muss die Frage, ob Laien im Notfall, d. h. bei Mangel eines ordinierten Amtsträgers, dessen Funktion bei der Feier der Eucharistie übernommen haben, für die Kirche Karthagos dieser Zeit bejaht werden.«[51]

Fragen

Wie immer man auch den Text dieses scharfsinnigen Theologen deutet und aus welcher theologischen Phase Tertullians (katholisch oder montanistisch) er letztlich stammt: Er ist zumindest behilflich, gewichtige theologische Fragen zu stellen.

Solches Fragen bezieht sich vor allem auf den Notfall – wenn in einer eucharistiebereiten gläubigen Gemeinde kein Priester erreichbar ist.

- Ist es möglich, dass jemand in einer Notlage priesterlich handelt, ohne geweihter Priester zu sein – vorausgesetzt es geht um priesterliche Hand-

---

51 Van Beneden, Pierre-Joseph: Haben Laien die Eucharistie ohne Ordinierte gefeiert? Zu Tertullians »De hortatione castitatis« 7.3, in: Archiv für Liturgiewissenschaft 29 (1987) 31–46, hier 46.

lungen, die nach einhelliger Meinung der Kirche heilsnotwendig sind, wie die Taufe oder die Eucharistie?

- Oder noch allgemeiner gefragt: Kann jemand (»zur Not«) amtlich handeln, ohne bestellter Amtsträger zu sein?

- Praktisch heißt dies – wenn man priesterlich und amtlich bündelt –, ob jemand, der nicht zum Priester geweiht ist, im Notfall der Feier eines Sakraments vorstehen kann: also einer »Not-Taufe« und eben auch einer »Not-Eucharistiefeier«?

Für den Fall der Nottaufe ist das unumstritten: Da kann auch eine heidnische Frau gültig taufen, wenn sie nur in der Absicht der Kirche handelt.

Auch bei der Eheschließung spenden – zumindest in der katholischen Tradition nach der fast einhelligen Ansicht ihrer Theologen und Theologinnen[52] – die Eheleute einander das Sakrament, ohne Amtsträger zu sein.

Könnte das nicht auch für die Feier der Eucharistie gelten?

Und die Kirchenleitungen

Eine solche Frage, die uns ein kirchengeschichtliches Faktum formulieren hilft, wird die derzeitigen Kirchenleitungen beunruhigen. Sie werden natürlich be-

---

52 Nach Ansicht orthodoxer Theologen sind es die Popen, die das Sakrament der Krönung spenden.

tonen, dass solches Handeln kirchenrechtlich nicht zulässig ist. Die Frage geht aber nicht nach dem (heute) Zulässigen, sondern nach dem theologisch möglichen und verantwortbaren Spielraum, in den hinein sich eine derzeit gebundene Praxis entbinden ließe. Dieser könnte, folgt man Tertullian und der damals im katholischen Karthago geübten Praxis, größer sein, als wir heute meinen. Ich füge bei: »vernünftigerweise« meinen. Denn gerade die innersten Vorgänge der Kirche gilt es vor unberechenbaren Schwärmern und selbsternannten Möchtegern-Priestern und -Priesterinnen zu schützen.

Aber solche Fragen könnten auch einen schöpferischen Druck auf die Kirchenleitungen erzeugen. Sie müssten nämlich gewärtig sein, dass manche Gemeinden ihre Rechte kennen (vgl. oben c. 213 CIC), einen Handlungsspielraum sehen und ihre Geduld mit den blockierten Kirchenleitungen verlieren – und eben handeln. Sie bewegen sich dann nicht mehr im rechtlich eng gesteckten Rahmen, sondern in einem weiteren, theologisch möglichen Rahmen.

Solches kirchenrechtlich nicht gedeckte (aber theologisch besehen nicht gänzlich abwegige) Handeln wäre gewiss disziplinär unerwünscht. Und das auch deshalb, weil die Kirchenleitung die Möglichkeit verlöre, die Entwicklung verantwortlich zu gestalten.

Eben vor diese Alternative bringt sich in einer Kirche mit einem hohen Niveau an theologischem und kirchengeschichtlichem Wissen die Kirchenleitung zunehmend. Sie gerät vor eine bemerkenswerte Alternative:

- Entweder handelt sie und kann damit gestalten
- oder sie handelt zu lange nicht und verliert dadurch zum Schaden der Kirche ihre Möglichkeit, die Entwicklung zu formen.

Pastoraltheologisch spricht alles für eine gestaltete Entwicklung im Zusammenspiel zwischen Kirchenleitung und Kirchengemeinden. Die Geduld der Gemeinden kennt aber ebenso Grenzen, wie auch das Nichthandeln der Kirchenleitung in Fahrlässigkeit kippen kann.

Könnte also Gottes Geist die Kirche nicht ermächtigen, in priesterarmen Regionen Priester aus den gläubigen Gemeinden zu nehmen und sie weihend auf die Priesterbank einzusetzen?

Bei dieser Reflexion auf die Zeit Tertullians darf allerdings nicht übersehen werden, dass er für die Situation seiner Zeit eine Lösung suchte. Die mittelalterliche Kirche wiederum musste ihre Situation zum Ausgangspunkt nehmen. Wir Heutigen sind auf unsere Zeit verwiesen. Diese Zeit hat aber zwei wesentliche Komponenten: Die eine ist die Sehnsucht nach Gemeindeerfahrung – dazu hat uns das Konzil ermutigt; die andere hingegen ist der Priestermangel. Dass Priester auf die leeren Priesterbänke gelangen sollen, hat als Anlass den Priestermangel. Das tiefere und den Priestermangel überdauernde Motiv ist allerdings der Wunsch, dass die Kirche in Gemeinden lebendig und deren Höhepunkt und Quelle ihres Lebens die Eucharistiefeier ist. Daraus folgt, dass wir die Priesterbänke auch dann mit Priestern neuer Art füllen sollten, wenn wir genug herkömmliche Priester haben.

Priester für die leeren Priesterbänke

Priester neuer Art (Korinth-Priester) wären geeignet, mit den herkömmlichen (Paulus-Priestern) zusammen ein gemeindebezogenes Priesteramt auszuüben. Indem es mehrere wären, könnten auch die Fähigkeiten eines herkömmlichen Allroundpriesters auf mehrere Schultern verteilt sein.

Geht man diesen Gedankengang behutsam und geduldig weiter, stößt man unweigerlich auf zwei praktische Fragen:

- Die erste Frage: Wie finden Gemeinden jene Gruppe von Personen, die sie dem Bischof vorschlägt, damit er sie für die leere Priesterbank der Gemeinde weiht?
- Die andere Frage: Wie sollen diese Personen ausgebildet werden?

Gemeindeerfahrene Personen

Priester, welche die Kirche in absehbarer Zeit auf die leeren Priesterbänke bestellen wird, kommen aus den Gemeinden. Ihr Hauptmerkmal ist, dass sie gemeindeerfahren sind und das Vertrauen der Gemeinde genießen. Nur so dürfen sie viri »probati« genannt werden: nicht weil sie ehe-, sondern eben gemeindeerfahren sind.

Hier stehen in der nachkonziliaren Kirche viele Personen zur Verfügung. Zwar ist in den letzten Jahren die Beteiligung am kirchlichen Leben zurückgegangen. Nicht wenige haben auch die Mitgliedschaft aufgekündigt. Viele haben daraus den Schluss gezogen, dass es um die Kraft der Kirche schlecht bestellt sei. Dabei wird aber übersehen, dass in vielen Kirchengebieten, welche die Aufträge der Erneuerung des kirchlichen Lebens nach dem Konzil ernst genommen haben, noch nie so viele Pfarrgemeindemitglieder sich ehrenamtlich engagiert haben. Das ist der Hauptpool für die hier vorgeschlagenen Gemeindepriester neuer Art. An meinem Institut für Pastoraltheologie in Wien wird ein Doktorand in gemeindlichen Fallstudien klären, wie groß der Kreis solch möglicher »viri probati« ist: gemeindeerfahrener Männer (vorerst) also. Auszukundschaften wäre, welches theologische Alltagswissen und welche pastorale Kompetenzen sie mitbringen. Vor allem wäre behutsam aufzuklären, ob dieser Personenkreis eine hohe spirituelle Kompetenz besitzt, also schon jetzt zum Kreis von »Gottesmännern« zu zählen wäre. Das ist deshalb vonnöten, weil nicht wenige in den Diskussionen in der Weltkirche fürchten, dass die Weihe von solchen ehrenamtlich erfahrenen Personen eine breite geistliche Ausdünnung mit sich brächte.

In diesem Pool könnten auch Männer sein, die in früheren Lebensabschnitten einmal ernsthaft in Erwägung gezogen haben, den Priesterberuf zu ergreifen, sich aber dann aus vielerlei Gründen nicht dazu entschließen konnten. Dabei ist nicht ihr einstiger Priesterwunsch ausschlaggebend, sondern dass sie sich – durch ihren Priesterwunsch gedrängt – in der gemeindlichen Arbeit über Jahre bewährt haben. Das Priesteramt ist nicht eine Sache einer privaten Lebenskarriere, sondern eine göttliche Berufung in und für die Kirche. Aber es ist ja durchaus möglich, dass manch einer seinen ursprünglichen Priesterberufswunsch in ein praktisches Gemeindeengagement übersetzt hat. Dann gerät ein solcher Mann, der schon früher einmal Priester werden wollte, durchaus in den engen Kreis möglicher Kandidaten für die neue Form von Gemeindepriestern – die aus der Gemeinde genommen werden und für »ihre Gemeinde« bestellt werden und mit anderen auf der Priesterbank Platz nehmen.

Manche von diesen Gemeindebewährten sind ledig geblieben, haben sich erfolgreich auf ihren Beruf konzentriert und dann kommt irgendwann in der Routine des Alltags, vor allem inmitten des gemeindlichen Engagements, die Erinnerung an den Ruf, der noch gehört wird, an die Berufung, die tief drinnen lebt und immer noch einer konkreten Antwort harrt. Solche Menschen gibt es beispielsweise in vielen Lehrkörpern, aber auch in staatlicher Verwaltung und Wirtschaft. In einer Zeit, in der Mobilität und Flexibilität zu den wichtigsten Schlüsselqualifikationen gehören, ist es fast schon Alltag, sich beruflich zu verändern und in eine solche Entwicklung auch noch einmal die Mühe eines akademischen Studiums zu investieren. Diese Männer haben vielfach handfeste spirituelle Erfahrungen und alles in allem oft wenig Probleme, missionarisch zu denken.

In manchen Kirchengebieten bereiten sich Frauen auf die Priesterweihe vor und lassen sich von einem »streunenden Bischof« (episcopus vagans) zur Priesterin weihen. Wir gehen dabei hier nicht auf die Frage der Priesterweihe für Frauen ein – obwohl nach derzeitigem Wissensstand sie weder (eine gemeindliche) Herkunft noch Zukunft (in der katholischen Kirche) haben. Vielmehr wird lediglich entschieden in Frage gestellt, ob es theologisch einen Sinn macht, dass Frauen meinen, sie seien doch als Einzel-Person von Gott berufen und hätten deshalb ein »Anrecht« auf eine Weihe. Das ist im Grund archaisch-vorvatikanisches Denken tiefster klerikaler Art, das freilich auch bei Männern anzutreffen ist, die Priester werden möchten. Es wäre schon etwas ganz anderes, wenn Gemeinden aus ihrem Kreise gemeindeerfahrene Frauen zur Weihe vorschlagen würden, die (vielleicht mit vorgeschlagenen Männern zusammen) auf die leere Priesterbank geweiht werden würden. Schlägt eine Gemeinde solche Frauen (eines Tages: Gott allein weiß wann) vor, dann kann davon ausgegangen werden, dass das Priesteramt nicht der Selbstverwirklichung/Selbstinszenierung dieser Frauen dient, sondern die Priesterweihe einer Frau ein hochekklesialer Vorgang ist. Wir sagen damit im Blick auf diese Frauen nichts anderes, als was oben schon in Blick auf jene Männer gesagt worden ist, die in ihrer Kindheit oder Jugend einmal Priester werden wollten, dann aber einen anderen Weg eingeschlagen haben und nun am Ende des Lebens (weiß Gott aus welchen gemischten Motiven) zur Vollendung eigener biographischer Vorstellungen nun doch noch »Priester werden« möchten.

Aus solcher Rückbindung des Priesteramts an die Kirche und konkret an die Gemeinden folgt auch, dass die Tatsache, dass jemand in reichen Kirchengebieten einen hauptamtlichen Dienst leistet, noch nicht ausreicht, um ihn in den Pool der gesuchten Gemeindepriester neuer Art zu platzieren. Die Wahrscheinlichkeit liegt nahe, dass Hauptamtliche leicht zu hauptamtlichen

Versorgern werden: jetzt nicht als Kleriker, wohl aber als Pastoralexperten – weshalb manche vermuten, dass durch die Bestellung hochqualifizierter Laien für viele pastorale Dienste diese Kirchen nicht von einer Kirche für das Volk zur Kirche des Volkes geworden sind, sondern sich von einer Kleruskirche in eine Expertenkirche gewandelt haben: was aber letztlich noch immer die Zweiteilung zwischen Experten und Volk fortschreibt.[53] Umgekehrt wird natürlich richtig sein, dass unter den Hauptamtlichen sehr viele sein werden, die gemeindeerfahren sind und bereits eine hohe theologische, pastorale und spirituelle Kompetenz mitbringen, welche andere vielleicht erst erwerben müssten. Allerdings ist die Kirche gut beraten, die Gemeindepriester neuer Art nicht als hauptamtlichen Beruf zu konzipieren, sondern als einen »ehrenamtlichen« Dienst mit anderen zusammen, die gemeinsam auf der Priesterbank sitzen. Ein, wenngleich nicht der einzige Grund wird auch darin bestehen, dass sich künftig Gemeinden, die sich weithin selbst finanzieren werden müssen, keine hauptamtliche Gemeindepriestergruppe werden leisten können.

Aus- und Fortbildungsziele

Wer gemeindebezogene Priester neuer Art will und die Auffassung teilt, dass die hochqualifizierten Hauptamtlichen ebenso wie die Priester herkömmlicher Art an-

---

53 Aufschlussreich sind dazu die kritischen Überlegungen von Ivan Illich aus dem Gesundheitsbereich: Entmündigung durch Experten, Reinbek b. H. 1979.

dere gemeindeübergreifende Aufgaben haben werden, wird rechtzeitig neuartige Aus- und Fortbildungsformen entwickeln. Diese könnten auch kürzer sein als die Ausbildungswege für Priester herkömmlicher Art.

Ziel einer solchen »Ausbildung neu« wäre es, in einem akademischen Dreijahresprogramm (an katholisch-theologischen Fakultäten könnte sich dazu das kommende dreijährige Bakalaureatsstudium eignen) jene Grundlagen und Kompetenzen zu vermitteln, die für die Ausübung des Amtes eines gemeindebezogenen Priesters erforderlich sind.

Es wäre aber auch zu prüfen, ob es nicht (durch neue elektronische Medien unterstützt) eine Art Fernstudium geben könnte in Verbindung mit gemeinsamen Seminarwochen. Ein solches Modell hätte den Vorteil, dass die Kandidaten nicht von der Gemeinde abgezogen werden müssten.

Für Kirchengebiete, die in hochentwickelten Bildungsgesellschaften liegen, ist es auch sinnvoll, als Zugangsbedingung ein abgeschlossenes Hochschulstudium zu verlangen. Das Kriterium Bildung wird vermutlich längerfristig wichtiger sein als jenes der ehelosen Lebensform.

So könnte eine solche »Ausbildung neu« aussehen – es handelt sich dabei um einen ersten Entwurf, eine Gedankensammlung, die noch weiterer Überlegungen bedarf.[54]

---

54 Dieser Entwurf wurde wiederholt in einer Vordenkergruppe durchgesprochen. Ihr gehören neben mir an: die Leiterin des Erzbischöflichen Schulamts Dr. Christine Mann sowie der frühere Generalvikar der Erzdiözese Wien Mag. Helmut Schüller.

Ein Ausbildungsentwurf

»Diese Form der konzentrierten Ausbildung von Priestern, die vornehmlich aus Gemeinden kommen, eine ausgereifte Persönlichkeit sind, soziale Kompetenz haben und über ihre ehrenamtliche Tätigkeit in hohem Maße gemeindeerfahren sind, wird für den deutschsprachigen Raum organisiert. Es ist wünschenswert, wenn die gemeindeerfahrenen Männer beruflich Leitungsaufgaben wahrgenommen haben. Sind sie verheiratet, wird für die Weihe um eine Ausnahme von der Zölibatspflicht ersucht.

Ziel: Die Ausbildung soll auf die Tätigkeit als Gemeindepriester (in einem gemeindlichen Presbyterium) vorbereiten.

Dazu braucht es:

Arbeitsfeldkompetenzen

- Vorstehen in einer gemeindegetragenen Liturgie
- Predigtkompetenz – wo der Predigtdienst in engem Zusammenspiel mit Personen geschieht, die auf die Predigt hin das Evangelium meditieren
- Mystagogische wie katechetische Grundkenntnisse (vor allem für die gemeindliche Sakramentenvorbereitung)
- Seelsorgliche Kompetenz (Begleitung von Lebensgeschichten in guten und bösen Zeiten aus der Kraft des Evangeliums; Förderung einer Kultur der Umkehr und in diesem Rahmen die Fähigkeit, das Bußsakrament ›fruchtbar‹ zu feiern)
- Diakonale Grundkompetenz (Verknüpfung von Gottes- und Nächstenliebe in konkreten gemeindlichen Diakonieprojekten)

Leitungskompetenzen

- Leitung einer gläubigen und aktiven Gemeinde im Team (Vision, Analyse, Projekt) – Fähigkeit zur andauernden Gemeindeentwicklung (Organisationsentwicklung)
- Fähigkeit zur Führung und Begleitung von Ehrenamtlichen (in den verschiedenen Tätigkeitsfeldern) (Personalentwicklung)
- Sichern, dass die Gemeinde in der Spur des Evangeliums bleibt – was gegebenenfalls auch die Fähigkeit zu prophetischem Widerstand verlangt

- den Verbund der anvertrauten Gemeinde mit der Ortskirche (Presbyterium) symbolisieren und gewährleisten

Die dreijährige Ausbildung enthält folgende Bausteine:

1. Vermittlung theologischer Grundkompetenzen

1.1 Eine gründliche Kenntnis der Glaubenstradition

- Bibelwissenschaften
- Patrologie und Kirchengeschichte
- systematische und spirituelle Theologie – wie und was die Kirche heute lehrt und was das für den persönlichen und gemeindlichen Glaubensweg unter den Bedingungen einer modernen Kultur bedeutet
- die eigene Glaubenstradition auf dem Hintergrund anderer subjektiver (Un-)Glaubensentwürfe (andere Religionen, andere christliche Konfessionen, aber auch naturalistischer Humanismus, fernöstliche Religionen, Islam, Atheismus) bedenken

1.2 Eine gediegene Gegenwartskunde (Zeichen der Zeit) – Mensch und Gesellschaft

- Philosophie
- Anthropologie
- Sozialwissenschaft
- Psychologie
- Zur Lage des Glaubens heute...

2. Erwerb von Tätigkeitsfeld- und Leitungskompetenzen

Dazu arbeiten die traditionellen theologischen Disziplinen transdisziplinär zusammen. Näherhin heißen die interdisziplinär bedienten Ausbildungsfelder:

- gemeindegetragener Liturgie vorstehen
- heute (mystagogisch und gemeindekatechetisch) den Glauben an atheisierende und spirituell suchende moderne Zeitgenossen tradieren
- Wortkompetenz (Predigt, Öffentlichkeitsarbeit der Gemeinde...)
- lebensbegleitende Seelsorgskompetenz samt der Kompetenz, Umkehrgeschichten wirkmächtig zu begleiten und sakramental zu feiern

- aus der Kraft der Gottesliebe auf die Seite der Bedrängten treten (gemeindliche Diakonie, Zusammenspiel mit der Caritas…, Caritaswissenschaft, Sozialpastoral)
- Leitung und Kooperation (Organisations- und Personalentwicklung)«

Priesteramt und Priesterehe

Was aber, wenn die Priester neuer Art, aus den Gemeinden gewonnen, gut ausgebildet, von den Gemeinden akzeptiert, vom Bischof geweiht und zu einem gemeindlichen Presbyterium bestellt, in Ehe und Familie leben?

Für die rechtliche Seite haben wir ja vorgeschlagen: »Sind sie verheiratet, wird für die Weihe um eine Ausnahme von der Zölibatspflicht ersucht.«

Hier verfolgen wir aber eine andere Seite weiter. Was würde es denn bedeuten, wenn diese Gemeindepriester neuer Art ihr Amt mit einer Ehe bzw. Familie praktisch zu verbinden haben? Wie spielen diese beiden Lebensaufgaben zusammen? Dabei ist mitzubedenken, dass es sich zumeist um Ehen mit einer schon längeren Paargeschichte und vermutlich schon großen Kindern handelt.

In der katholischen Kirche ist die Kombination Priesteramt und Ehelosigkeit hochentwickelt.

- Da sind zunächst jene wenigen Priester, welche zur Zeit in der römisch-katholischen Kirche in einer anerkannten Ehe leben. Zumeist handelt es sich um ordinierte Personen aus anderen christlichen Konfessionen, die zur katholischen Kirche übertreten und die zum Priesteramt zugelassen werden.

- Dazu kommen 26629[55] Personen, die haupt- oder nebenberuflich verheiratete Diakone sind.
- Ähnlich ist es mit den verheirateten hauptamtlich tätigen Gemeinde- und Pastoralreferenten und -referentinnen. Auch sie verbinden Familienarbeit mit pastoraler Arbeit, in welche – durchaus unter Protest Roms und doch aus Not – immer mehr presbyterale Aufgaben implementiert werden (wie Taufen, Gemeindeleitung).[56]

Die katholische Weltkirche besitzt allerdings in der griechisch-katholischen Kirche einen Erfahrungsschatz, wie Priesteramt und Leben in Ehe/Familie miteinander verbunden werden können. Wenn im Folgenden diese Erfahrungen aufgrund einer empirischen Studie in einer ukrainischen griechisch-katholischen Diözese[57] für unsere Fragestellung aufbereitet werden sollen, geschieht das nicht ohne einen starken Vorbehalt. Denn eben diese Studie lässt klar erkennen, dass die Priester dieser Diözese in ihrem Priesterbild mit den von uns vorgeschlagenen Gemeindepriestern neuer Art kaum etwas gemeinsam haben: Es handelt sich mehrheitlich um zeitlose Kleriker in einem vorvatikanischen Stil. Diese Gestalt des Klerus kann sich

---

55 Das sind die Angaben des Päpstlichen Jahrbuchs von 2001 über die ständigen Diakone. In diesem Jahr gab es 4482 Bischöfe und 405009 Priester.
56 Natürlich haben andere christliche Konfessionen in dieser Hinsicht reiche Erfahrung. So vor allem die protestantische Kirchentradition.
57 Diese Teilstudie wurde im Anschluss und mit dem (modifizierten) Instrumentar der Studie **PRIESTER 2000**© in der griechisch-katholischen Diözese Ivano-Frankivsk durchgeführt. Befragt worden waren 230 Priester, 159 ausgefüllte Bögen haben sich als verwertbar erwiesen. Das ist die stolze Rücklaufquote von 69%.

im Übrigen auch deshalb gut halten, weil es – ganz anders als in vielen Teilen der römisch-katholischen Kirche – einen kaum finanzierbaren Priesterüberschuss gibt. Das Einzige, was also an den Ergebnissen der ukrainischen Studie für unsere Fragestellung interessant ist, sind einzelne Aspekte des Zusammenspiels von Priesteramt und Ehe, das aber wie gesagt unter kulturell wie ekklesial ziemlich vormodernen Verhältnissen.

Was wir also nicht beabsichtigen, ist die Gestaltung des Priesteramts durch die untersuchten griechisch-katholischen Priester als zukunftsfähig für unsere Regionen anzupreisen. Für unsere römisch-katholische Diskussion ist das insofern von Bedeutung, als zu lernen ist, dass die Freistellung des Zölibats keinesfalls die erforderliche Entwicklung des Kirchen-, Gemeinde- und Priesterverständnisses sicherstellt. Im Gegenteil: Eine unbedachte Weihe von zusätzlichen, nunmehr verheirateten Priestern, könnte auch uns – wie in der griechisch-katholischen Kirche der Ukraine – ekklesiale Verhältnisse festschreiben, von denen wir nach dem Konzil hofften doch schrittweise loszukommen.

In der griechisch-katholischen Kirche besteht für die Priester die Möglichkeit, den Lebensstand selbst zu wählen. Allerdings muss diese Wahl (wie in der römisch-katholischen Kirche bei den Diakonen) vor der Priesterweihe erfolgen. Der höhere Klerus wird zudem aus dem Pool der unverheirateten Weltpriester oder aus den Ordenspriestern genommen. Die verheirateten Priester sind zumeist in den Gemeinden tätig.

Die Priester dieser Diözese wurden einerseits nach ihrer Einschätzung des Zölibats als Lebensform gefragt. Andererseits wurden Fragen zur Verbindung von Ehe/Familie und Priesteramt gestellt.

Zunächst ist schon bemerkenswert, dass unter den Befragten mit 91,2% die überwiegende Mehrheit verheiratet ist. Nur 2,5% leben ehelos. Von 6,3% fehlt in den Fragebögen die Angabe zum Lebensstand. Gibt es also, bei aller Wahlfreiheit, doch eine Art »Selbstverständlichkeit«, ja eine Art kulturellen Zwang zu heiraten?

Zölibatswertschätzung

Das lässt zunächst fragen, wie sehr die von den meisten nicht gewählte ehelose Lebensform von den Befragten geschätzt wird. Geht die Nichtwahl des Zölibats mit seiner Ablehnung einher?

In der Umfrage wurden den griechisch-katholischen Priestern auf der einen Seite jene Fragen zum Zölibat vorgelegt, die auch den zentraleuropäischen römisch-katholischen gestellt worden waren. Sodann wurden weitere Fragen zur Verbindung von Ehe und Pastoral hinzugefügt.

Die ehelose Lebensform erfreut sich unter den (verheirateten) griechisch-katholischen Priestern der gleichen Wertschätzung wie unter den nichtverheirateten römisch-katholischen Mitbrüdern in Zentraleuropa. Vielleicht hat diese hohe Wertschätzung auch damit zu tun, dass einem nicht zugemutet wird, so zu leben. Was man nicht leben muss, kann man vielleicht eher wertschätzen?

Zustimmung finden Aussagen wie: Ehelosigkeit macht freier für den priesterlichen Dienst, sie erschließt die Möglichkeit einer tiefen Verbindung mit Christus, sie macht zu einer persönlichen Lebensgestaltung frei. Dass die Menschen einem Priester wegen der Ehelosigkeit mehr Vertrauen entgegenbringen, wird aber von den griechisch-katholischen verheirateten Priestern weit weniger angenommen als von den ehelosen römisch-katholischen. Dass der Zölibat von den Menschen als ein Zeichen für das Reich Gottes verstanden wird, glauben die verheirateten griechisch-katholischen Priester mehr als die römisch-katholischen.

Insgesamt fällt die Wertschätzung der Ehelosigkeit bei den verheirateten griechisch-katholischen Priestern höher aus als bei den ehelos lebenden römisch-katholischen. Dabei mag aber auch die unterschiedliche Kultur der beiden Untersuchungsgebiete eine Rolle spielen. In Zentraleuropa haben wir es mit einer kulturellen Mischung zu tun. Beteiligt sind Diözesen aus den Ländern Österreich, Deutschland, Schweiz, Kroatien und Polen. Die Ukraine hingegen ist ein nur sehr moderat modernes Land mit einer nachkommunistischen Kirchenlage.

Tabelle 1: Vorzüge des Zölibats

	Ukraine: griechisch-katholische Priester	Zentraleuropa: römisch-katholische Priester
Die Ehelosigkeit erschließt den Priestern die Möglichkeit einer tieferen Verbindung mit Christus.	72%	60%
Die Ehelosigkeit macht freier für den Dienst.	82%	69%
Die Ehelosigkeit macht frei zu einer persönlichen Gestaltung des Lebens.	52%	63%
Der Zölibat als Hinweis auf das Reich Gottes wird meiner Meinung nach von den Menschen heute durchaus verstanden.	41%	24%

Quelle: **PRIESTER 2000©** **und Ukraine 2002©** –
Zustimmung sehr stark (1) und stark (2) auf fünfteiliger Skala

Nicht übersehen werden von den verheirateten griechisch-katholischen Priestern auch mögliche Schattenseiten des Zölibats: dass er Priester einsam macht, wird eher, dass er Distanz zu den Menschen schafft, wird mit Zurückhaltung angenommen.

Tabelle 2: Schattenseiten des Zölibats

Zustimmung sehr stark und stark	Ukraine: griechisch-katholische Priester	Zentraleuropa: römisch-katholische Priester
Der Zölibat macht viele Priester einsam.	58%	57%
In den Gemeinden gibt es heute kein zölibatsförderndes Klima.	23%	63%
In der Ehelosigkeit lebt ein Rest einer unchristlichen Leib- und Ehefeindlichkeit.	22%	31%
Die Ehelosigkeit bringt Priester in eine Distanz zu den Menschen.	33%	31%
Ich empfinde zölibatäres Leben persönlich als Last.	39%	21%

Quelle: **PRIESTER 2000© und Ukraine 2002©** –
Zustimmung sehr stark (1) und stark (2) auf fünfteiliger Skala

Pastorale (Aus-)Wirkung der Ehe

Die verheirateten griechisch-katholischen Priester wurden nach den pastoralen Vorteilen ihrer Priesterehe befragt.

Die überwiegende Mehrheit von 90% der befragten verheirateten Priester ist der Ansicht, dass ein verheirateter Priester Eheleuten besser seelsorglich zur Seite stehen könne als ein unverheirateter. 82% meinen, dass verheiratete Priester die Sorgen der Menschen leichter verstehen könnten. Dass ein verheirateter Priester auch ein besserer Finanzmann der Gemeinde sei, wird von 50% angenommen.

Umgekehrt sehen nur 22%, dass die Menschen einem ehelosen Priester mehr Vertrauen entgegenbringen. Nur 28% sehen eine Unterstützung der Gemeinde für ehelos Lebende.

Bei all dieser Wertschätzung der Priesterehe als pastoralem Kapital sind 57% der Ansicht, dass verheiratete Priester Schwierigkeiten haben bei der Zeitverteilung zwischen Familie und Beruf.

Rolle der Priesterfrauen

In diesem Zusammenhang sind die Ansichten der befragten verheirateten Priester zu einigen Fragen des familiären Lebens bemerkenswert:

- Das Amt des Ehemannes im Priesteramt wirkt sich darauf aus, dass sich die Frau in der Öffentlichkeit angemessen zu kleiden hat (92%).
- Die Hoffnung ist da, dass die Kinder aus Priesterehen wieder Priester werden (36% uneingeschränkt ja, weitere 20% abgestuft ja).
- Die Ehefrau des Priesters soll bei der Gemeindearbeit, insbesondere bei der Feier der Liturgie, behilflich sein (76%).
- Im Gegenzug dazu – so meinen zwei Drittel der Befragten – soll der verheiratete Priester seine Ehefrau bei der Hausarbeit unterstützen.
- In der Frage, ob die Ehefrau des Priesters einer Berufsarbeit nachgehen soll, sind die Priester unterschiedlicher Ansicht: Ein Drittel (34%) meint, dass es

nicht besser ist, fast die Hälfte (46%) hingegen hält eine berufliche Tätigkeit der Frau für besser. Das erklärt die jahrzehntelange Gewöhnung von Frauen an eine Berufstätigkeit in kommunistischen Zeiten.

Tabelle 3: Aspekte des Familienlebens bei verheirateten griechisch-katholischen Priestern

	1	2	3	4	5
Verheiratete Priester wollen ihre eigenen Kinder als ihre Nachfolger im kirchlichen Amt sehen.	36%	20%	26%	7%	10%
Die Frau des Priesters muss auf ihren Kleidungsstil aufpassen.	78%	14%	3%	0%	4%
Die Frau des Priesters sollte bei der Gestaltung der Liturgien, im pastoralen Leben der Gemeinde helfen.	56%	20%	16%	4%	4%
Der Priester soll seiner Frau beim Haushalt helfen.	51%	17%	24%	4%	4%

Quelle: **PRIESTER 2000**©
1 = stimme völlig zu, 5 = lehne ich völlig ab

Eine sensible Frage ist, was geschehen soll, wenn eine Priesterehe nicht gut geht, inwendig zerbricht. Das Kirchenrecht kennt für solche Fälle die (verordnete) Trennung von Tisch und Bett. 28% der befragten Priester halten eine solche Lösung für angemessen, 41% haben sich (eher) dagegen ausgesprochen. Ein Drittel (32%) ist unentschieden.

Auf den Ehen der griechisch-katholischen Priester liegt somit ein hoher Erwartungsdruck. Verheiratete Priester dieser Kirche müssen, wie viele andere soziale Berufe, das Kunststück vollbringen, Erwerbsleben mit Familienleben zu vereinbaren. Wie andere sind auch sie nicht davor gefeit, dass ihre Ehe scheitert.

Das Ergebnis dieser kleinen Studie ist ernüchternd und entlastend in einem. Es zeigt zunächst mit aller erfreulichen Deutlichkeit, dass Priesteramt und Ehe (samt Familienleben) praktisch sehr wohl miteinander vereinbart werden können. Diese Kombination hat laut Erfahrung von betroffenen Priestern sogar pastorale Vorteile.

Zugleich entstehen aber auch spezifische Anforderungen: Welches ist die Rolle der Ehefrau des Priesters, was wird von den Kindern erwartet, wie werden pastorale Erwerbsarbeit und Familienarbeit miteinander verbunden?

Bei den Ehelosen ist es nach Ansicht der verheirateten griechisch-katholischen Priester umgekehrt: Ihre Lebensform hat viele spirituelle Vorteile, kennt aber auch menschliche und pastorale Nachteile. Ehelose, so ihre Vermutung, vereinsamen leichter, geraten auch eher in eine pastoral schädliche Distanz zum Alltagsleben der Menschen, und hier wieder der Verheirateten. Zugleich sind sie aber freier in ihrer Zeiteinteilung, verfügbarer, und zudem ein Hinweis auf das kommende Reich Gottes.

An dieser Stelle liegt der Schluss nahe, dass sich Vor- und Nachteile der jeweiligen Lebensform in etwa ausgleichen, wenn eine Kirche Priester in beiden Lebensformen hat. Das wird aber durch eine »Freistellung« allein nicht erreicht. Denn in allen christlichen Kirchen, in denen es eine solche freie Wahl der Lebensform für Priester, Popen, Pastoren und Pastorinnen gibt, sind die ehelos lebenden unter den Seelsorgspriestern eine so kleine Minderheit, dass sie empirisch kaum ins Gewicht fällt.

Die katholische Kirche kann aus den Erfahrungen der griechisch-katholischen Kirche aber einiges lernen. Denn für den Fall, dass sie sich dazu entscheiden sollte, ein Priesteramt neuer Art für (gemeindlich erfahrene) Männer aus ihrer Gemeinde und für ihre Gemeinde zu schaffen, dann kommt dazu eben auch die Anforderung, eine entsprechende Lebenskultur für verheiratete Priester zu entwickeln.

Argumentativ ist es allerdings unzulässig, dem Gelingen ehelosen Priesterlebens die Probleme von verheirateten Priestern (und evangelischen Pastoren und Pastorinnen) entgegenzuhalten, wie es ja auch umgekehrt nicht zulässig ist, das Scheitern von Ehelosen an den guten Lebensgeschichten von Verheirateten zu messen.

Die menschlich tröstliche Weisheit heißt vielmehr auf eine knappe heitere Formel gebracht: »So leid es uns freut.« Jeder Lebensstand bringt Vor- und zugleich Nachteile. Reife Personen werden in beiden Lebensformen bestehen, unreife in keiner.

Kirchenpolitisch bedeutet das, dass die Kirche verheiratete Personen dann in den priesterlichen Dienst aufnehmen kann, wenn die erforderliche Reife gegeben ist und wenn es Unterstützungssysteme gibt, welche die vorhersehbaren Konflikte an der Schnittstelle von Priesterehe und Priesterberuf verarbeitbar machen. Hier können auch die Erfahrungen der verheirateten Pastoralassistenten und -assistentinnen und der hauptamtlichen Diakone der katholischen Kirche nützlich sein.

Priester-
nachwuchs

Die Kirche in unseren Breiten braucht nicht nur mehr Priester, sondern auch andere Priester. Das wird angesichts des wachsenden Priestermangels oftmals übersehen. Von hier aus stellen sich Fragen: Welche Personen soll die Kirche für das Priesteramt gewinnen? Natürlich jene, die Gott beruft. Aber welche sind das? Wie lässt sich eine solche Berufung klären? Und weiter: Welche Eignung brauchen dann die Berufenen? Welche Kompetenzen müssen sie erlernen? Und wie können diese Kompetenzen, ohne die man eine Berufung gar nicht »fruchtbar« ausüben kann, entwickelt werden? Wie also, anders gefragt, sollte eine der heutigen Kirche sowie der pastoralen Lage angemessene Priesterausbildung aussehen?

Wir bewegen uns in den folgenden Überlegungen einerseits auf vertrautem Terrain. Denn wir gehen davon aus, dass es sich bei den benötigten Priestern um Priester herkömmlicher Art handelt: um akademisch gut ausgebildete, zu schöpferischem ehelosen Leben bereite Priester. Über die Ausbildung gemeindebezogener Priester neuer Art ist ja im vorausgehenden Teil schon gehandelt worden.

Andererseits wird sich die Frage stellen, ob diese »traditionellen Priester« künftig ausschließlich in jenen tridentinischen Priesterseminaren ausgebildet werden, welche über Jahrhunderte der Kirche Priester mit hoher Qualität zugeführt haben.

Gemeinden gründen

Die Kirche braucht herkömmliche Priester aus mehreren Gründen:

Zunächst gilt es, das Priesteramt nicht nur in Bezug auf eine konkrete (Pfarr-)Gemeinde zu verstehen. Die Zeit, in der pastoraltheologisch der Priester ausschließlich zum Gemeindeleiter erklärt wurde, ist fachlich nicht mehr als ein postkonziliares Zwischenspiel gewesen.

Zwar bleibt richtig, was auch über 90% der befragten Seelsorgspriester meinen, dass das priesterliche Amt ein »Dienst an der Gemeinde« ist. In dieser Hinsicht sind sich alle Priesteramtstypen einig.

Priester aber, so die Deutschen Bischöfe 1977, gibt es, um »Gemeinden zu gründen und zu leiten«. Gerade die gemeindegründerische Aufgabe wird in den Jahren vor uns wieder in qualitativ neuer Weise an Bedeutung gewinnen. Die Kirche braucht in den nächsten Jahren eine »kommunikative Offensive«, einen neuen missionarischen Elan.

Der wichtigste Gemeindegründer der biblischen Zeit war Paulus. Er war alles andere als ein ortsfester Gemeindeleiter – zumal er sich als Gemeindegründer mit vielen Gemeinden verbunden fühlte. Auch die Hochform des priesterlichen Dienstes, das Bischofsamt, ist diözesan- und nicht gemeindebezogen.

Es wird daher allein deshalb Priester herkömmlicher Art brauchen, weil die Kirche immer mehr gemeindegründerische »Wanderpriester« brauchen wird.

Die pastorale Seite ehelosen Lebens

Zum Zweiten hat auch in den kommenden Jahren die ehelose Lebensform der Priester viel für sich. Das gilt aus ekklesialen wie aus pastoralen Gründen.

Verheiratete Priester haben die unumgehbare sittliche Pflicht, neben ihren beruflich-pastoralen Aufgaben auch Familienväter zu sein. Die Vereinbarkeit zwischen Familienarbeit und Pastoralarbeit ist in jenen Kirchen, in denen es einen verheirateten Klerus gibt, nicht belastungsfrei. Das zeigt auch ein wohlwollender Blick auf die verheirateten Hauptamtlichen in geldstarken Kirchen. Ehelose dagegen haben ein höheres Maß an gestaltbarer und verfügbarer Zeit.

Es ist schon klar, dass dieses pastoral-nützliche Argument für das Beibehalten der Zuweisung der ehelosen Lebensform an die Priester herkömmlicher Art nicht ausreicht. Aber es ist ein Mosaiksteinchen in einem größeren Bild.

Wiedergewinnen der eschatologischen Kraft

Schon mehr nachdenklich machen muss das für die Zukunft der Kirche ganz dringliche Anliegen, wie diese ihre verlorene eschatologische Kraft wiedergewinnen kann und wird. Die Ehelosigkeit von Priestern könnte dabei – idealtypisch gesehen – ein Beitrag für die eschatologische Kühnheit einer nachbürgerlichen Kirche sein.

Die eschatologische Schwäche der Kirche ist an mehreren Anzeichen erkennbar. Ein erster, eher noch argloser Hinweis darauf ist, dass die Kirche nur allzu leicht zur religiösen Legitimation bürgerlicher Vorgänge und Verhältnisse in Anspruch genommen wird: zur Segnung von Börsen und Banken, Supermärkten und Seilbahnen, militärischen Einrichtungen.

Krise der Orden

Ein zweiter, schon mehr gewichtiger Hinweis ist die schwere Krise der Orden in reichen Gesellschaften. Die für die Orden grundlegende Lebensform der evangelischen Räte ist ja nur verständlich und auf Dauer lebbar auf der Folie einer eschatologischen Radikalität. Orden versuchen ein »Leben wie nach der Auferstehung« zu realisieren: in ihrem Umgang mit der Macht (Gehorsam), mit dem Besitz (Armut), mit der riskanten Entgrenzung der Beziehungsfähigkeit (Ehelosigkeit).

Leider werden von vielen auch in der Kirche die evangelischen Räte auf Formen des Verzichts reduziert. Sie sind aber vor allem zugespitzte Formen: der Freiheit (die im Gehorsam mit letztem Ernst investiert wird), der Solidarität (die mit der Armut eng verbunden ist) und der Entgrenzung der Liebesfähigkeit über eine Partnerliebe hinaus.

Und all das leben Ordensleute um des Himmelreiches willen – wie »Ver-rückte«, hinausgeraten aus bürgerlicher Normalität (was übrigens heute auch durch eine lebenslange Ehe geschehen kann), und das deshalb, weil wir nicht einst in den Himmel kommen, sondern weil die Praxis des Himmels schon hier auf Erden aus Gottes Kraft und Gnade möglich ist.[58]

Norbert Lohfink hat darauf hingewiesen, dass die Orden heute »Gottes Kirchentherapie« werden müssen. Die Kirche könnte bei den Orden wieder ihr ureigenstes Wesen entdecken, das sie im Zuge der Verbürgerlichung verschüttet hat: nämlich ihre eschatologische Kraft.

Das ist ein verletzliches Wechselspiel: Denn eine verbürgerlichte Kirche – wie jene hierzulande – bringt immer weniger Ordensleute hervor, weil ihr die eschatologische Sprengkraft fehlt. Wie sollen dann Orden mit immer weniger und spirituell entkräfteten Ordensleuten für eine Kirche kirchentherapeutisch wirken?

Keine »gefährliche Erinnerung«

Ein weiteres Anzeichen der eschatologischen Schwäche ist die Art und Weise, wie in vielen Gemeinden die sonntägliche eucharistische Zusammenkunft began-

---

58 Metz, Johann B.: Zeit der Orden? Zur Mystik und Politik der Nachfolge, Freiburg 1977. – Bours, Johannes/Kamphaus, Franz: Leidenschaft für Gott. Ehelosigkeit – Armut – Gehorsam, Freiburg 1981. – Sölle, Dorothee: Phantasie und Gehorsam. Überlegungen zu einer künftigen christlichen Ethik, Stuttgart 1978. – Zulehner, Paul M.: Leibhaftig glauben. Lebenskultur nach dem Evangelium, Freiburg ²1983. – Das Schicksal der Orden – Ende oder Neubeginn. Analyse: Jan Kerkhofs, Stellungnahmen: Hermann Stenger, Jan Ernst, Freiburg 1971. – Drewermann, Eugen: Kleriker. Psychogramm eines Ideals, Olten 1989.

gen wird. Helmut Schüller beklagte in der Österreichischen Caritaszeitschrift, dass die Sonntagsgottesdienste in vielen Wiener Stadtgemeinden religiös verschönte Konditoreibesuche seien. Dass sich hier Menschen in »Gottesgefahr« begeben, wo eine lebensrevolutionäre Umwandlung geschehen könnte, ist kaum zu merken. Keine Wandlung droht. Metz redete vom katastrophalen Mangel an Folgen, den das Evangelium erleide.

Ins Positive gewendet: Die Kirche braucht viele »eschatologisch starke« Gemeinschaften, in denen ein Leben »wie nach der Auferstehung« riskiert wird. Das ist ein Leben, das aus einer tiefen Nähe zu Gott wächst und sich in einem Leben der acht Seligpreisungen, der Bergpredigt zuspitzt. Im Klima solcher postbürgerlicher Gemeinden werden sich viele Christinnen und Christen finden, die ihr Leben als Verweis auf das angekommene Reich Gottes mitten unter uns führen. Es werden in solchen eschatologisch riskanten Gemeinschaften auch eher Menschen heranreifen, die ihr Leben auf das Kommen des Reiches Gottes setzen, als Ordensleute, als ehelos lebende Priester.

Überwindung der Verbürgerlichung

Wenn die Kirche morgen wieder mehr geeignete (junge) Männer für das Priesteramt gewinnen will, muss sie ihre eschatologische Grundstärke wiedergewinnen.

Es muss nachdenklich machen, wenn unter den Priestern nur 8% ganz davon überzeugt sind, dass der

Zölibat als Hinweis auf das Reich Gottes von den Menschen verstanden wird. Dieser Satz ist mit Sicherheit vom Zölibat auf die ganze Kirche auszudehnen. Auch diese wird von den Menschen als eingepasste und teilnützliche gesellschaftliche Institution wahrgenommen, nicht aber als untrüglicher Hinweis auf das unter uns angekommene Reich Gottes.

Ich vermute hier den Hauptgrund, warum wir uns den Mund fransig beten um Priesterberufe und ergebnislos viel Geld in die Berufungspastoral investieren. Ein bürgerlicher Religionsbetrieb kann keine Priester hervorbringen, die in ihrer Ehelosigkeit ein eschatologisches Risiko (er)leben. Dabei mag es durchaus sein, dass die Aufhebung des Zölibats mehr gutbürgerliche Religionsdiener mit sich brächte. Es wäre aber dann lediglich eine Fortsetzung der kirchlichen »Verbürgerlichung« mit anderen Mitteln, nicht deren Überwindung.

Wenigstens strukturelle Erinnerung

In solchen Zeiten widerstrebt es offensichtlich vielen Verantwortlichen in der Kirche, noch vorhandene strukturelle Erinnerungen an eschatologisch kraftvolle Kirchenzeiten preiszugeben. Und dazu zählen sie die gesetzlich gefasste Zumutung ehelosen Lebens für »Weltpriester«.

Zwar lässt sich auch dagegen wiederum argumentieren, dass ein frei wählbarer Zölibat in unserer Freiheitskultur eher als ein eschatologisches Zeichen für das kommende Gottesreich verstanden werden kann als ein strukturell zugewiesener Pflichtzölibat. Dieses Argument schwächt sich allerdings auf dem Hintergrund der Studie **PRIESTER 2000**© merklich ab. Zumal in einer Freiheitskultur schrumpft die Zahl jener, die ihre ehelose Lebensform lediglich »in Kauf nehmen«. Unter den befragten Priestern sind 15% der sicheren Ansicht, sie hätten sich nicht bewusst für den Zölibat entschieden, sondern diesen bloß in Kauf genommen.[59]

Natürlich ist es nicht zwingend, dass die Priester einer christlichen Kirche – auch der römisch-katholischen – allesamt unverheiratet sein müssen. Die griechisch-katholische Kirche ist der lebendige Gegenbeweis, wenngleich auch in dieser unter den Weltpriestern der Anteil der unverheirateten Priester verschwindend klein ist. Doch scheint der derzeitige Wunsch nach der Priesterehe nicht gänzlich losgelöst werden zu können vom zeitgenössischen Wunsch, auch selber das leben zu können, was zunächst selbstverständlicher Wunsch vieler Menschen ist, nämlich das Leben mit jemandem zu teilen.

Auch Zölibatäre können ihre Ehelosigkeit in bürgerlicher Sattheit und eschatologisch ausgehöhlt stilisieren. Ebenso kann der Wunsch nach einer Ehe bei solchen verbürgerlichten Ehelosen ein weiterer Schritt in Richtung verbürgerlicht-uneschatologischer Lebensgestalt sein.

---

59 Angesichts dieser geringen Zahl von Inkaufnehmern ist mit jenen, die sich dann »umentscheiden«, ein angemessener Umgang vonnöten. Demütigungen wie Perspektivenlosigkeit sind zu vermeiden. Nicht wenige leiden ohnedies darunter, dass sie ein Versprechen nicht durchhalten konnten.

Die Entscheidung, dass es in der römisch-katholischen Kirche neben den ehelosen Priestern herkömmlicher Art auch verheiratete geben soll, wird – so unsere Studie **PRIESTER 2000**© – dadurch erschwert, dass solch ehelose Lebensform nach Auskunft derer, die es aus eigener Erfahrung wissen müssen, weder in der Gesellschaft noch in der Kirche unterstützt wird.

Das würde bedeuten, dass zur Zeit die Streichung des Zölibatskanons aus dem Kirchenrecht in einer ersten Entwicklungsphase sehr wahrscheinlich dazu führen würde, dass kaum noch (psychisch gesunde) Weltpriester die ehelose Lebensform wählen würden.

Deshalb meinen 65% der befragten Priester, dass der Zölibat zuerst aufgewertet werden müsse, sollte er einmal freigestellt werden. Dem entspricht die Ansicht von 61% der befragten Priester: »Selbst wenn der Zölibat ›freigestellt‹ wäre, wäre es für junge Menschen sehr schwer, ihn frei zu wählen, weil niemand sie dabei unterstützt und ermuntert.«

Zölibat aufwerten, aber wie?

Die Forderung, den Zölibat aufzuwerten, ist leicht gesagt, aber mit kultureller Sicherheit schwer erreicht.

Eine solche Aufwertung wird nicht durch abwarten kommen. Unsere modernen Gesellschaften sehen nicht so aus, als würden sie von sich aus in absehbarer Zeit eine Aufwertung hervorbringen. Eine solche Aufwertung könnte aber möglicher Weise auf eine originell andere Weise von der Kirche selbst herbeigeführt werden. Und das, indem sie neben den herkömmlichen Priestern (dem »Paulus-Typ«) den gemeindebezogenen Priestertyp (also den »Korinth-Typ«) einrichtet.[60] Die Aufwertung des Zölibates käme dann durch die aufgewertete neue Rolle der »Paulus-Priester«.

Bischof Fritz Lobinger berichtet aus seinem Kirchengebiet in Südafrika: »In meinem Bereich, also den jungen Kirchen, sehe ich das bereits. Die neue ›Gratifikation‹ der ›Paulus-Priester‹ liegt in der Mitarbeiterschulung. Diese hat ja hier praktisch keinen anderen Motor als ihn. Jeder weiß, dass der Motor vor allem ein geistlicher Motor sein muss. Alle predigen, alle beerdigen, alle halten Gottesdienst, aber in der Runde derer, die sich darauf vorbereiten, da steht nicht nur ein Organisator, sondern ein geistlicher Wegweiser, einer der das Evangelium sich noch mehr ins Herz geschrieben hat als die anderen. Das spüren die Mitarbeiter und das spürt der Pfarrer. Er spürt, dass seine Ganzhingabe einen Sinn hat. Diese Aufwertung passiert dann, wenn die Mitarbeitergruppen geistliche Gruppen sind.«

Gäbe es also in unserer römisch-katholischen Kirche eines Tages zwei Typen von Priestern nebeneinander:

* hier die »Paulus-Priester«, also die missionarischen, gemeindegründerischen, jene, die für lokale Presbyterien mit mehreren Priestern neuer Art

---

60 Mehr dazu im zweiten Teil dieses Buches (Priester anderer Art).

(den »Korinth-Priester«) zuständig sind, eine Handvoll solcher lokaler Gemeindepresbyterien formen und begleiten,

- und dort die »Korinth-Priester«, also die aus den Gemeinden kommenden und für diese bestellten Priester, die als gemeindliches Presbyterium von der Priesterbank aus gemeinsam die priesterliche Verantwortung in einer Gemeinde wahrnehmen,

dann könnte die Kirche

- für die einen (die »Paulus-Priester«) leicht(er) die volle fünfjährige akademische Grundausbildung verlangen und dazu die Ehelosigkeit als Moment an einer herausragenden geistlichen Kompetenz

- und könnte die Kirche zugleich unter den gemeindebezogenen Priestern (den »Korinth-Priestern«) eine Reihe Verheirateter annehmen (die nach Möglichkeit ein abgeschlossenes Hochschulstudium haben).

Beide würden dann auch auf der Ebene des Priestertums einander gute Dienste erweisen können. Pastoral könnte ein solches dem Lebensstand nach plurales Priesteramt auch für mehr Menschen anziehend sein. Und wer sich wegen des Wunsches nach einer Ehe nicht für das Priesteramt im Modus des »Paulus-Priesters« entscheidet, der wäre frei, gemeindebezogener Priester (in Ehe) zu werden.

- Zu den Verlockungen, eheloser »Paulus-Priester« zu werden, könnte gehören, das Priesteramt gemeindeübergreifend, in diesem Sinn gemeindegründerisch auszuüben und zugleich (geistlich wie pastoral) für einige gemeindliche Presbyterien verantwortlich zu sein.[61]

- Zu den Vorteilen des »Korinth-Priesters« wiederum zählte es, das sich jetzt – weil eingebunden in ein arbeitsteiliges lokales Presbyterium – Familienleben und Berufsleben leicht miteinander versöhnen ließen.

Im Rahmen einer solchen Entwicklung käme es unbemerkt zu einer Annäherung der römisch-katholischen Kirche an griechisch-katholische oder ostkirchliche Verhältnisse. Denn diese Schwesterkirchen nehmen ihre gemeindeübergreifenden Amtsträger (Bischöfe) auch aus dem Kreis der unverheirateten Priester.

Priesterausbildung neu

Solche Überlegungen zur eschatologischen Kraft kirchlicher Gemeinschaften werfen ein Licht auf die überkommene Form der Ausbildung herkömmlicher Theologen und Theologinnen, darunter auch der Priester.

---

61 Wenn sich die Kirche zu einer solchen Splittung des Priesteramtes in Paulus- und Korinthpriester durchringen sollte, stellen sich natürlich für beide Typen weitere Fragen: nach der Anreicherung der Ausbildung für die Pauluspriester (etwa durch Auslandserfahrungen, weltkirchliche Kontakte); es wäre auch zu klären, wo die Pauluspriester, wenn sie nicht gemeindlich eingebunden sind und ehelos leben, mit der menschlich tendenziell »obdachlosen Seele« »daheim« sind.

Diese Form der Priesterausbildung in einem (diözesanen) Seminar war eine der großen und pastoral ergiebigen Innovationen des Konzils von Trient. Sie hat der Kirche und ihren Gemeinden über Jahrhunderte hinweg eine große Zahl menschlich wie spirituell gut entwickelter Priester zugeführt. Das traf vor allem in Kulturen zu, in denen das Christentum die Grundlage der Staatsverfassung bildete, also auch keine allzu große Kluft zwischen Evangelium und Kultur, zwischen dem Alltagsleben der Menschen und den Lebensweisen der Gläubigen bestand.

Diese Zeit ist seit der Modernisierung der Gesellschaften und der damit gewachsenen Entflechtung von Kirche, Staat, Gesellschaft und Kultur vergangen. Das verleiht aber den Priesterseminaren eine andere Rolle: Priesterausbildung findet oftmals jenseits der Alltagskultur statt. Noch mehr: Auch innerkirchlich ereignet sie sich inmitten einer Art »gemeindlichen Moratoriums«. Die meisten Studierenden ziehen aus ihren Herkunftsgemeinden weg. Die Kontakte zu ihr werden dünn, Kontakte zu einer Gemeinde am Studienort kommen kaum zustande.

- Ein erster und sehr intensiver Vorgeschmack dieses Auszugs aus dem Alltag und aus der vertrauten Heimat Gemeinde und Diözese ist das Propädeutikum, das der Ausbildung im Priesterseminar und an einer theologischen Lehrstätte vorangestellt ist und wegen der geringen Zahl zumeist diözesanübergreifend organisiert wird.
- Nach diesem ersten Jahr werden die Priesteramtskandidaten – nach diözesaner Zugehörigkeit ge-

trennt – in die kirchliche Sonderwelt ihres jeweils zuständigen Priesterseminars weitergeleitet. Wie dünneisig dort die gemeindlichen Beziehungen sind, zeigt sich daran, dass Gemeindeerfahrungen eigens als Ausbildungsvorgänge inszeniert werden müssen, bevor die Jungpriester in eine Gemeinde verpflanzt werden.

Im Folgenden wird ein alternatives Modell für die Ausbildung von Priestern herkömmlicher Art vorgestellt. Stärken und Grenzen bestehender Priesterseminare werden gesichtet und auf ihrem Hintergrund eine alternative Priesterausbildung entworfen.

Im Anschluss daran werde ich einige Vorzüge einer solchen »Priesterausbildung neu« bedenken:

- den spirituellen Praxisschock zu vermeiden,
- sich selbst als Laie zu erfahren,
- sich früh eine offene Zölibatskultur anzueignen,
- zeitoffen zu werden (zu bleiben).

Pfarrseminare: Ein Ergänzungsmodell zur künftigen Formation von Priestern

Das gegenwärtige Priesterseminar hat viele Stärken: in der Formung der Persönlichkeit, in der spirituellen Bildung, in der Ausformung von Gemeinschaftsfähigkeit.

1. Zugleich stößt das herkömmliche Priesterseminar zunehmend auf Grenzen:

2. Die Zahlen der Priesteramtskandidaten sind in vielen Priesterseminaren sehr klein; manche Seminare haben nur mehr eine Handvoll von Priesteramtskandidaten im Haus – und das selbst in jenen Kirchenregionen, in denen die Seminaristen während des gesamten Studiums im Priesterseminar sind;

- begrenzt ist das Seminar auch deshalb, weil eine eher gemeinschaftliche Spiritualität entwickelt wird, die im pastoralen Alltag nur ganz selten in dieser Form durchgehalten werden kann (vgl. Studie **PRIESTER 2000**©);
- zudem dünnt sich über mehrere Jahre hinweg der Kontakt zu den Menschen in den Gemeinden aus. Priesteramtskandidaten bilden so ein Selbstverständnis aus, das sich nicht unentwegt inmitten des alltäglichen Lebens von getauften Kirchenmitgliedern und deren priesterlicher Taufberufung bewähren und formen muss. Die Ausbildung eines lebens- und gemeindefernen Priesteramts wird begünstigt;
- was den Priesterseminaren oftmals auch fehlt, ist die Nähe zur modernen Kultur: zur Kunst, zum Theater, zur Poesie, zur Literatur. Auch die Entfernung zum alltäglichen Leben der Menschen ist beträchtlich.

3. Um solche Entfremdungen hintan zu halten, soll ein Ergänzungsmodell zum herkömmlichen Priesterseminar erprobt werden.

4. So könnte dieses neue Modell aussehen: Zwei bis drei Priesteramtskandidaten leben in einer Stadt mit einer katholisch-theologischen Fakultät in einem Pfarrhaus – einem Pfarrverband. Sie leben als formell aufgenommene Mitglieder dieser Gemeinden und arbeiten auch ehrenamtlich (als Getaufte) in der jeweiligen Gemeinde mit. So lernen sie das gemeindliche Leben von der laikalen Seite am eigenen Leib kennen.

5. Die Priesteramtskandidaten nehmen von der Pfarrei aus am Lehrvorgang der Fakultät teil. Für sie wird berufsbegleitend eine pastorale Supervision an der Fakultät eingerichtet.

6. Zwischen den Seminaristen des traditionellen Seminars und den Priesteramtskandidaten in den Pfarreien ist Kontakt durch das gemeinsame Studium an der theologischen Fakultät sichergestellt, er wird aber zusätzlich noch durch institutionalisierten Austausch bereichert. Um zwischen den Priesteramtskandidaten, die in den unterschiedlichen Pfarrgemeinden leben, Gemeinsamkeiten zu ermöglichen, findet jedes Semester ein zweiwöchiger Intensivkurs statt: Dieser hat einen pasto-

ralen und einen spirituellen Schwerpunkt (Exerzitien, Einkehrtage).

7. Der Pfarrer ist zugleich in der »Regensfunktion« dem Bischof gegenüber. In guten Zeiten hat eine Diözese mehrere Pfarrregenten. Sie erhalten eine eigene zusätzliche Ausbildung sowie Begleitung bei ihrer Aufgabe. Auch die Pfarrregenten wie der Seminarregens pflegen regelmäßigen Erfahrungsaustausch untereinander. Wichtig ist, dass der Pfarrregens in der Lage ist, die persönliche, fachliche und spirituelle Entwicklung des anvertrauten Priesteramtskandidaten zu fördern. Dazu braucht es personalentwicklerische Fähigkeiten, die spirituell durchformt sind: so die Fähigkeit, für einzelne Zeitabschnitte Entwicklungsziele zu vereinbaren, die auch mit jenen Kriterien versehen sind, an denen die Erreichung des (Teil-)Ziels bewertet werden kann; wichtig sind coachende Interventionen. Die Entwicklung solcher personalentwicklerischer Prozesse ist ein Teil der Entwicklung einer neuen »Unternehmenskultur« in der Kirche. Die Kirche zeigt in ihr Interesse an der Förderung ihrer künftigen Priester, widersteht der herrschenden Kultur der Wehleidigkeit und teilweise auch mit Hilfe des Weihebonus abgesicherten Beliebigkeit. Priesteramtskandidaten, die sich in solchen Entwicklungsprozessen nicht bewähren, können von ihren Pfarrregenten zur Weihe nicht vorgeschlagen werden. In solchen Vorgängen lernen die pfarrlichen Priesteramtskandidaten unter normalen Bedingungen alltäglichen Pfarrlebens sich die Zeit einzuteilen, in ihrem Leben Schwerpunkte zu setzen. Sie lernen die Balance zwischen Eigenverantwortung und entlastender wie fördernder Supervision.

8. Es wäre von Vorteil, gäbe es in einer Diözese mehrere Pfarrregenten. Dann wäre die Möglichkeit gegeben, dass die Kandidaten fürs Priesteramt unterschiedliche Priesterpersönlichkeiten vorfinden, die auch eine authentische spirituelle Formung haben. Zur Zeit werden Generationen von Priesteramtskandidaten über Jahre hinweg von einem einzigen Seminarregens (mit seinem Spiritual) ausgebildet, was nicht nur Vorteile hat.

9. Es ist diese konkrete Pfarrgemeinde, in deren Namen der Pfarr-regens dem Bischof die in ihr eingepflanzten Priesteramtskan-didaten zur Weihe vorschlägt.

10. Die Priesteramtskandidaten bleiben auch noch während des Diakonatsjahres in dieser Lehrpfarrei. Hier ereignet sich auch die Einführung in den priesterlichen Dienst.

11. Eine wichtige Aufgabe ist es, in den »Lehrpfarreien« ein zöli-batsunterstützendes Klima zu schaffen. Es ist mit den Pries-teramtskandidaten zusammen, aber auch mit Eheleuten ein geistliches Gespräch über die Chancen und Gefährdungen ehelosen Lebens zu führen. Dabei kann von den Kandidaten für eheloses Leben gelernt werden, dass jede Lebensform Vor-züge und Nachteile hat, dass es in jeder Lebensform gute Tage wie böse gibt, Gelingen und Misslingen, ein ständiges Auf und Ab. Entscheidend ist schon in dieser Zeit, mit Krisen auch des ehelosen Lebens schöpferisch umgehen zu lernen. Zu entwi-ckeln ist eine Person randvoll mit jenem Eros, der im pastora-len Eros eine seiner besten Variationen findet. Hier kann auch jenes vertrauensvolle Klima wachsen, in dem mit hoher Sensi-bilität über die Bedeutung von (auch körperlicher) Nähe und Distanz zu den anvertrauten Menschen im Angesicht eines deutlichen und spezifisch geistlichen Autoritätsverhältnisses gesprochen werden kann.

12. Durch die Präsenz in einer Pfarrgemeinde vor Ort rückt das herkömmliche Priesterseminar in die Nähe junger Menschen. Wenn schon junge Menschen heute nicht ins Priesterseminar gehen, dann muss das Priesterseminar zu den jungen Men-schen gehen.

13. Die gewonnenen Erfahrungen sind jährlich zu evaluieren. Das Modell kann so Jahr um Jahr verbessert werden.

Vermeiden des spirituellen Praxisschocks

Eine solche alternative Priesterausbildung könnte mehrere nachteilige Auswirkungen der Formung künftiger Priester in den bestehenden Priesterseminaren überwinden.

Unsere Studie **PRIESTER 2000**©, an der sich auch Priesteramtskandidaten aus Deutschland und Österreich beteiligt haben, hat eine Vielfalt von Hilfen für Dienst und Leben von Priestern ans Licht gebracht. Es ist eine Mischung von menschlichen und spirituellen Hilfen.

Die spirituellen Hilfen sind wiederum bunt. Wichtig sind den Priestern

- Gebet und Liturgie,
- traditionelle Formen spirituellen Lebens (Brevier, Bußsakrament, Exerzitien, Anbetung),
- meditative Reflexion (Meditation, Schriftlesung, Bücher, theologische Reflexion),
- gemeinsame Reflexion (geistliches Gespräch, eine Basisgruppe, Anschluss an eine religiöse Bewegung oder Gemeinschaft, Lebensbetrachtung) sowie
- pastoraler Dienst (Dienst am Mitmenschen, die alltägliche pastorale Arbeit).

Es fällt auf, dass im traditionellen Priesterseminar alle diese Formen gepflegt werden. Mit dem Dienstantritt als Priester in einer Gemeinde kommt es allerdings zu einer drastischen Veränderung. Es ist nicht übertrieben, von einem spirituellen Praxisschock zu reden.

Rückläufig ist der Stellenwert der traditionellen Hilfen. Noch stärker bricht die gemeinschaftliche Spiritualität ein. Im Vordergrund bleiben das (einsame) Gebet, die Liturgie sowie der alltägliche pastorale Dienst.

Das ist zunächst nicht beunruhigend. Denn das Zweite Vatikanische Konzil wollte eine Entmönchung der jahrhundertelang monastisierten Weltpriester. Der pastorale Vollzug sollte auch zur Hauptquelle der weltpriesterlichen Spiritualität werden.

Zugleich sieht es aber so aus, als gerieten Vorgänge einer personbezogenen, meditativ-reflexiven Spiritualität ebenso wie Formen gemeinschaftsbezogener Spiritualität in den Hintergrund. Spiritualität entwickelt sich auf diese Weise immer mehr als Moment an der Arbeit. Spiritualität wird im Modernisierungsstress funktionalisiert und verdunstet dabei rasch.

Reicht das auf die Dauer aus? An welche Orte zieht sich ein Priester spirituell zurück? Welche Formen, die er nicht organisieren muss, weil er sich als Erbe einer ausgereiften spirituellen Tradition vorfindet (wie Brevier, Bußsakrament), tragen ihn dann in Krisenzeiten? Wo hat ein Priester neben seinen gemeindlichen Vorgängen eine spirituelle Gemeinschaft, die ihn in Zeiten stärkt, wo er im pastoralen Arbeitsvollzug für sich wenig gewinnt?

Diese Fragen lassen sich weder allein von den Regenten noch allein in den Pfarrgemeinden beantworten. Das Problem ist die Verschiedenheit spirituellen Vollzugs an den beiden Orten – und der abrupte Übergang, eben der spirituelle Praxisschock.

Wäre es da nicht nahe liegend, dass auch die spirituelle Formung künftiger Priester bereits auf jenem Boden geschieht, auf dem sie später arbeiten: in einer

Pfarrgemeinde, zusammen mit den künftigen Pfarrregenten, die von den Auszubildenden vielleicht sogar herausgefordert werden, ihre eigene spirituelle Praxis zu stärken? Um einer tragfähigen Spiritualität willen wäre daher eine engere Verwebung von Praxisort und Grundausbildung erwägenswert.

Sich selbst als Laie erfahren

Eine solche Verwobenheit von Priesterausbildung und Pfarrgemeinde könnte eine weitere wünschenswerte ekklesiologische Wirkung zeitigen. Die traditionelle Priesterausbildung »entwöhnt« die Kandidaten faktisch von der Taufe und von dem Gefühl, auch als Priester zunächst »laós« zu sein. Denn jedes Amt in der Kirche baut darauf auf, dass der Amtsträger Mitglied in dieser ist. Die Priesterweihe setzt somit die Christenweihe der Taufe voraus und baut auf ihr auf. Nur so ist verständlich, dass Augustinus sagen konnte: Mit euch bin ich Christ, für euch Bischof. Dabei ist unumstritten, dass theologisch besehen die Taufe das Heilsentscheidende und Grundlegende ist. Sie fügt ein in den laós, das heilige Gottesvolk, das priesterlich, königlich und prophetisch ist. Es gibt deshalb auch in der Kirche keine höhere Würde, als zum Volk Gottes zu gehören und in diesem Sinn »Laie« zu sein.

Ob sich das eines Tages auch in der symbolästhetischen Inszenierung einer Taufe zeigen wird? Davon sind wir weit entfernt. Noch wird in die Gestaltung einer Priesterweihe wesentlich mehr investiert als in jene einer Taufe.

Viele Priester haben nach dem Zweiten Vatikanischen Konzil angefangen, ihre eigene Taufe spirituell wiederzuentdecken. Das ging manchmal so weit, dass sich ihr Selbstverständnis und ihre Spiritualität »laisiert« haben. Solche Priester – wir finden sie am ehesten unter den zeitgemäßen Gemeindeleitern – erleben sich fast nur noch als Bruder unter Brüdern und Schwestern. Sie erleiden eine Redehemmung, wenn sie erklären sollen, wozu sie darüber hinaus geweiht sind.

Das ist nicht so sehr der Sinn unseres Plädoyers, dass Priesteramtskandidaten ihre Taufe ganz allgemein wieder entdecken. Es geht aber sehr wohl darum, die Priesterweihe und damit das Amt in Verbindung mit der Taufe zu sehen und die priesteramtliche Spiritualität mit der Taufspiritualität neu zu verweben.

Es gibt unter den Priestern allerdings auch die umgekehrte Gefährdung. Es ist jene der zeitlosen Kleriker. Während die zeitgemäßen Gemeindeleiter vielleicht einseitig ins Kirchenvolk eintauchen, zeigt sich bei den zeitlosen Kleriker eine schroffe Absetzung, ja Gegenübersetzung zu diesem. Das »für« des Augustinus übertönt lautstark das »mit«. Und das bis in die praktischen Vollzüge hinein.

Zeitlose Kleriker neigen dazu, das Kirchenvolk sakramental zu versorgen, seelsorglich zu »betreuen« und moralisch anzuleiten. Den vorgesehenen Laienräten suchen sie laienskeptisch zu entgehen. Sie demonstrieren ihre Unabhängigkeit von diesen. Dabei können sie sich auf eine römische Rechtsgestaltung stützen, die um die Unbeeinflussbarkeit des eingesetzten Amtes auf allen Ebenen (Papst, Bischof, Pfarrer) ängstlich besorgt ist. Synodalität und Kollegialität werden insbesondere auf pfarrlicher Ebene nicht ernsthaft eingefordert.

Solche unsynodale Amtsausübung fordert aber einen pastoral zu hohen Preis. In modernen Kulturen sind die Menschen gewöhnt, Entscheidungen, die sie betreffen, mit vorzubereiten. Zudem gilt, dass das Ziel der auf dem Zweiten Vatikanischen Konzil vertieften Ekklesiologie, die Mitverantwortung aller Kirchenmitglieder für Leben und Wirken der Kirche, neu unterstrichen worden ist.

Mitarbeiten wird aber aus innerer Motivation nur, wer auch am Entwerfen der Arbeit beteiligt ist. Identifikation läuft nachweislich über Partizipation.

Heutige Pastoralkultur verlangt deshalb von den Priestern einen hohen Respekt vor der unvertretbaren Würde und Verantwortung aller Kirchenmitglieder, Männer und Frauen, Jungen und Alten, Inländern und Ausländern, Reichen und Armen. Es ist ein Leitungsstil zu entwickeln, der möglichst viele Mitglieder gewinnt, sich als Miteigner der Kirche zu fühlen und deshalb von innen her motiviert mitzuwirken.

Kann eine solche Grundhaltung aber nicht am ehesten dadurch gelernt werden, dass man zunächst am eigenen Leib erlebt, was es heißt, Laie in einer Pfarrgemeinde zu sein? Das wird auch deshalb immer mehr notwendig, weil nicht wenige ein Theologiestudium beginnen, ohne eine Gemeindeerfahrung mitzubringen. Es sind leider nicht immer »viri probati«, also gemeindeerfahrene Personen, die heute in die Priestersemi-

nare eintreten. Es wäre daher gerade in der Priesterausbildung erforderlich, dass sich die künftigen Priester in ihrer Ausbildung eben nicht schon als Minipries-
ter erleben. Ebenso wichtig wäre es, würden sie auch
noch einmal sehr bewusst und bedacht erleben, was
es heißt, in einer (Ausbildungs-)Pfarrei nichts anderes
als ein engagiertes und mitwirkendes Mitglied zu
sein, – begrenzt, weil studienkompatibel – ehrenamtliche Dienste zu verrichten, im Pfarrgemeinderat mit-
zuberaten, in einem Ausschuss (nach Möglichkeit
einem der Pfarrcaritas) mitzuarbeiten: und bei all dem
aus der Position eines Laien am eigenen Leib zu erleben, wie das Pfarreramt ausgeübt wird.

Künftige Priester könnten damit lernen, in ihrer eigenen Person das Priestertum der Taufe und das Priestertum des Amtes miteinander zu verbinden. Das
könnte jenen wenigen helfen, die ihr Amt als zeitnahe
Gemeindeleiter hochpartizipativ, aber leitungsarm realisieren möchten. Es könnte aber auch jenen nützlich
sein, welche dazu neigen, aus ihrer künftigen Ordination eine Subordination der Laien abzuleiten.

Offene Zölibatskultur

Die Studie **PRIESTER 2000**© macht unmissverständ-
lich deutlich, dass in modernen Kulturen auch die herkömmlichen Lebensformen »modernisiert« werden.
Das verursacht insbesondere ein hoher Grad an Indi-
vidualisierung. Die Verantwortung für die Qualität des
Lebens ist von der Gemeinschaft auf den Einzelnen
hingewandert. Mein (religions-)soziologischer Lehrer

Thomas Luckmann fasste diese Entwicklung in das Bild: Früher war das Leben ein »Großunternehmen in öffentlicher Hand«, heute ist es ein »Kleinstunternehmen in privater Hand«.

Das gilt für alle Lebensformen: für die Ehe, die Ehelosigkeit, das Singledasein, für das Leben homophil Begabter.

Natürlich hängt das Gelingen auch von den »Umständen«, der »Umwelt« ab. Deshalb ist es für die Ehelosigkeit nicht ohne Belang, dass es zur Zeit weder in der Gesellschaft noch in der Kirche selbst (bis hinein in die innersten Kreise) Wertschätzung und damit soziale Unterstützung ehelosen Lebens gibt – so die Priester aller Amtstypen in hoher Übereinstimmung.

Umso schwerer wiegt es dann, ob die Einzelnen, die ehelos leben wollen, unter den modernen Bedingungen dazu auch in der Lage sind. Das setzt eine andere Zölibatserziehung voraus als in vergangenen Zeiten.

Hier stoßen wir auf eine der ganz großen Schwächen herkömmlicher Priesterseminare. Jenseits des alltäglichen pastoralen Alltags wird eine hochriskante Lebensform eingeübt – und das unter erheblich anderen Bedingungen als im künftigen Leben.

Was morgen ein Eheloser (wie auch ein Verheirateter) können muss, ist, in hoher Verantwortung seinen eigenen Lebensstil zu entwerfen und zu verantworten. Die Alternative dazu heißt, sich hinter schützende klerikale Rollenmauern zurückzuziehen. Pastorale Beziehungen werden dann ausschließlich zu Arbeitsbeziehungen und in einem fragwürdigen Maß entpersonalisiert. Solche Priester funktionieren. Seelsorge ist aber wie Therapie ein personales Abenteuer, mit hohen Künsten hinsichtlich des sich Einlassens, Aussetzens, aber auch Abgrenzens und Ablösens.

Die Studie **PRIESTER 2000**© machte erkennbar, dass zölibatäres Leben für Priester unter modernen Bedingungen ein Leben im Risiko ist. Nur wenige (es sind am ehesten die zeitlosen Kleriker) kommen ohne größere Turbulenzen und Konflikte durch. Für die meisten ist es ein ständiges Auf und Ab, wie auch bei Eheleuten, so fügte schon der Fragebogen unterstützend bei. Zwei Drittel haben Krisen durchlebt. Ein Drittel konnte der Aussage zustimmen, dass sie einen eigenständigen Weg gefunden haben, den sie verantworten können. Es wäre abwegig, vereinfachend zu unterstellen, dass es sich hier um kryptoliierte Priester handelt. Vielmehr wird es unter modernen Bedingungen morgen überhaupt keine andere Lebensform geben, als jene, die man verantworten kann und die eigenständig gestaltet ist. Die Übrigen werden eine nicht persönlich verantwortete Lebensform verlassen oder sich aus jener Kultur absetzen, die solch riskantes Leben zumutet.

Riskant, um nicht ganz im Theoretisch-Beschaulichen zu bleiben, ist es für die heterosexuell begabten Priester, einen Stil der personalen Begegnung mit Frauen zu entwickeln, die mit der Zeit nicht unter der Hand eheartig wird. Ähnliches gilt auch für die homophil begabten Priester. Es ist auch die Gefahr nicht herabzuspielen, dass für den Fall, dass keine personal verantworteten Begegnungen stattfinden, Priester sich an Minderjährigen und seelsorglich Abhängigen vergreifen.

Schon in der Auslegung der Priesterstudie habe ich darauf hingewiesen, dass die Entwicklung einer solchen Beziehungskultur zwischen Männern und Frauen, die nicht eheartig ist, eine enorme Bereichung für die langweilige und einfältige, im Kontrast dazu aber auch oftmals aufreibende, enttäuschende und verzweifelte Beziehungskultur unserer modernen Welt ist, die nur entweder Vereinsamte kennt oder Personen, die miteinander schlafen. Eine solche Beziehungsform würde nicht nur Reichtum schaffen, sondern auch jene ermutigen, die weder vereinsamen wollen noch einen Partner, eine Partnerin für eine eheliche »kleine Lebenswelt« finden.

Eine solche Lebenskultur zu entwickeln ist deshalb risikoreich, weil die Dynamik der Begegnung zwischen Männern und Frauen intensiv ist. Es braucht eine hohe kontrollierte Experimentierfreudigkeit. Und keiner kann im Vorhinein sagen, ob sein Weg zielführend[62] ist. Das einzige, was vorhersehbar ist, sind Krisen.

Natürlich meinen auch heute nicht wenige, es sei eben doch besser, die alten Spielregeln einzumahnen, nach denen sich am besten ein Priester gleich gar nicht mit einer befreundeten Frau (oder auch einem männlichen Freund) einlässt und vorsorglich in allen pasto-

---

62 Natürlich werden mit diesem einfachen Wort »zielführend« mehr Fragen aufgeworfen als beantwortet. Denn was ist das »Ziel« von solchen freundschaftlichen und zugleich nicht »ehelichen« Begegnungen zwischen Mann und Frau – eine Frage, die sich natürlich nicht nur den Zölibatären stellt, sondern modifiziert und mit einer anderen Ausgangslage den Verheirateten gleichermaßen.

ralen und lebensalltäglichen Situationen gefahrloser Abstand inszeniert wird. Wenn ein Auto gar nicht fährt, sondern in der Garage bleibt, ist das Unfallrisiko auch tatsächlich am geringsten.

Was aber, wenn ein Priester lebendig bleiben will? Und zugleich entschlossen ist, ehelos zu leben? Und wenn er solches leben will in einer Gesellschaft, die nicht viel davon hält, und in einer Kirche, wo ihm dann alsbald alle Neider und Bösausleger unterstellen, seine offene Begegnung sei letztlich doch nichts anderes als eine eheartige Kryptopartnerschaft?

Wer diesen Weg gehen will, wird sich nach Möglichkeiten umsehen, Erfahrungen zu sammeln und sich zugleich dabei unterstützen zu lassen. Solche Erfahrungen lassen sich aber nur schwer in der Schonwelt des Priesterseminars machen – der Alltag einer Pfarrgemeinde ist dazu weit besser geeignet, weil der Priesteramtskandidat in seinen alltäglichen pastoralen Gehversuchen immer auch die Möglichkeit hat, offene Kommunikation zu Frauen und Männern zu pflegen.

Die gewünschten Pfarrregenten sollten dann aber auch die Kompetenz besitzen, die gemachten Erfahrungen mit den Priesteramtskandidaten durchzureflektieren. Dazu müssen diese Pfarrregenten eigens geschult werden.

Wichtig ist es auch, dass die Priester und Priesteramtskandidaten selbst fähig sind, sich in dem Maße Unterstützungssysteme zu schaffen, in dem das Lebensrisiko zunimmt. Nur Lebensflüchter brauchen keine Unterstützung und kommen zumeist allein gut durch. Die Frage ist nur um welchen Preis!

Schließlich werden jene, die eine offene ehelose Lebenskultur wählen, eine angemessene tragfähige Spiritualität ausbauen. Sie wird genährt durch eine schöpfungstheologisch hohe Wertschätzung der erotisch-sexuellen Begabung, der Freude daran, dass es Männer und Frauen gibt, denen zu begegnen das Leben bereichert. Solche Priesterpersönlichkeiten gehen dann mutig bis an ihrer Sehnsucht Rand (Rainer Maria Rilke, Stundenbuch), statt präventiv ihre Sehnsucht abzutöten.

Solche Spiritualität lebt nicht aus der Angst vor Gefahren, sondern von der Freude an Begegnungen und dem Wachstum, das sie herbeibringen. Alles wirkliche Leben entstammt der Begegnung, ein Satz, an dem Ehelose nur um den Preis der Versteinerung vorbeileben können. Zu einer solchen Spiritualität offensiv gelebter Ehelosigkeit gehört auch die Bereitschaft, Entwicklungen wahrzunehmen und unter Kontrolle zu halten, die von der ehelosen Lebensform unbemerkt oder fahrlässig in eine eheliche gleiten lassen. Noch mehr: Weil das Risiko auch grenzgängerisch ist, wird mit der Möglichkeit der Grenzüberschreitung gerechnet. Bleibt dann die Grundoption das ehelose Leben, dann wird es Vorgänge schmerzlicher Weiterentwicklung und Wachstum geben und das in gemeinsamem Ringen der an dieser Beziehung Beteiligten. Es braucht dann auch die gar nicht leichte Bereitschaft, sich mit der Endlichkeit anzufreunden, damit, dass die Sehnsucht immer größer ist als was stattfindet.

Ein großes Hindernis für die Entwicklung einer solchen offenen Form ehelosen Lebens ist die den Männern in unserer Kultur eigene Verschlossenheit ihrer Innenwelt. Der Zugang zu ihr scheint bei vielen verschüttet zu sein. Daher ist es nicht leicht, in diese innere Welt der Gefühle einzutreten, die dortige Lebendigkeit und die damit wach werdenden Sehnsüchte, Ängste, Freuden und Leiden aufzuspüren. Es ist Männern auch nicht leicht, über das zu sprechen, was sich in ihnen abspielt. In der Kultur der Begegnungen ereignet sich aber sehr viel, was in der Begegnung selbst, aber auch unter Freunden oder in der spirituellen Beratung zur Sprache gebracht werden sollte. Wie können Krisen aufgearbeitet werden, wenn es eine notorische männliche Beratungsresistenz gibt, die vor den Priestern überhaupt nicht Halt macht: im Gegenteil unter ihnen wegen der Tabuisierung von nichtehelichen Beziehungen gar nicht zur Sprache gebracht werden sollten?

Zeitoffen werden

Ein weiterer Vorteil einer »Priesterausbildung neu« in Pfarrseminaren ist das Eintauchen in die alltägliche Lebenskultur der Menschen. Das »Priesterseminar alt« erzieht Männer, die in einer Partnerschaft ziemlich untauglich wären. Sie brauchen keine Verantwortung zu übernehmen für die alltägliche Lebensarbeit, für das Kochen, das Waschen, den Haushalt, in Krankheit. Die »große Mutter« Priesterseminar sorgt vor, sie »übermüttert«.

Es gilt auch für Priesteramtskandidaten, dass sie nicht amtsfähig sind, wenn sie nicht zuvor Vater und

Mutter verlassen (vgl. Gen 2,24). Es ist zu wenig, von der eigenen Mutter zur »großen Mutter« im Priesterseminar zu übersiedeln. Natürlich ist dieser Mutterwechsel auch möglich, wenn jemand in einer Pfarrei lebt. Die Wahrscheinlichkeit sinkt aber doch beträchtlich. Ein eingeschobenes Freisemester oder zwei beheben diesen Ausfall der Alltäglichkeit auch nicht in jedem Fall.

Dazu kommt, dass im pastoralen Alltag die Priesteramtskandidaten nicht nur lebenspraktischer werden. Sie werden sich auch der Kultur des Landes besser öffnen können. Priesteramtskandidaten gehören in ein Kino, ins Theater, in die Oper, in Ausstellungen, ins Kabarett, in die Museen. Sie müssen moderne Literatur lesen. Wie anders sollte man bewandert sein in dem, was die moderne Kultur bewegt?[63]

Findet dieses Eintauchen in die moderne Kultur in den Lehrjahren nicht statt, besteht die Gefahr, dass ein Priester ein Leben lang ein Kulturbanause bleibt. Wie kann aber das Evangelium wirklich mit der modernen Kultur verwoben werden, wenn ein Priester kein Zeitgenosse ist?

Diese Überlegungen sollen nicht dazu führen, dass die Priester »Zeitgeistliche« werden. Sie werden aber verhindern, das Priester weltflüchtig und kulturfremd sind.

---

63 Es ist schon fragenswert, ob es (aus vorgebrachten ökonomischen Rücksichten) klug war, das Propädeutikum für die österreichischen Diözesen in der Provinzstadt Horn an der tschechischen Grenze, weitab von den kulturellen Zentren, anzusiedeln.

Unabhängig, ob Priesteramtskandidaten in einer Pfarrei oder in einem traditionellen Seminar herangebildet werden, gibt es noch eine weitere attraktive Denkvariante, die ebenfalls sowohl eine gewisse Zeitoffenheit sichert, als auch in besonderem Maße freiheitsstiftend ist und überdies die Begegnung mit der Kultur fördert. Was sich bei Religionslehrern und -lehrerinnen bewährt hat, könnte auch für manche Priesteramtskandidaten hilfreich sein: ein Zweitstudium.

Wieweit man damit der immer wichtiger werdenden Vernetzung der Theologie mit anderen Wissenschaften entgegenkommt, das zeigt sich in der verstärkten Integration des Gegenstands Religion in das Ganze von schulischer Bildung – dies trotz der wegen der Abmeldemöglichkeit erschwerten Situation des Religionsunterrichts. Ähnliche Vernetzungsvorgänge, bei denen es im Grunde nur Gewinner gibt, finden ja seit längerem auf universitärer Ebene statt. In vielen Christinnen und Christen begegnen sich – in durchaus gelungener Korrelation – so die verschiedensten gesellschaftlichen Felder, die es zu kennen und zu gestalten gilt: Theologinnen und Theologen sind kompetent, sich etwa auch in juristischen, naturwissenschaftlichen oder sozial- und wirtschaftswissenschaftlichen Belangen zu Wort zu melden. Manche Diskussionen über die Notwendigkeit von Religion in der Schule und von Theologie an der staatlichen Universität würden dadurch – als durchaus erwünschte Nebenwirkung – nicht so akademisch geführt werden müssen.

Für das Priesterleben würde sich eine unglaubliche Freiheit ergeben, zur gewählten Lebensinszenierung

Tag für Tag, Morgen für Morgen ein immer wieder neues Ja in Freiheit sprechen zu können. Ja, ich will Priester sein, ich will Priester auch in der Krise (meiner eigenen, der Gemeinde, der Kirche) sein – nicht, weil ich nichts anderes gelernt habe und mich an die Fleischtöpfe in Ägypten gewöhnt habe. Nein, weil ich weiß, dass ich auch ganz anders könnte, wenn ich wollte. Ich kann mir gut vorstellen, dass eine solche Freiheit eine geradezu eschatologische Dynamik entwickeln könnte, die das Leben des Priesters, seiner Gemeinde und der Kirche im Ganzen bereichert und ihm mehr Würze gibt.

Priester als Werbeträger für den Priesterberuf

Was nützt aber die beste Ausbildung, wenn sich keine Menschen mehr für das Priesteramt bereit finden? Daher muss hier auch noch der Frage nachgegangen werden, wie heute Zeitgenossen gewonnen werden können, Priester zu werden.

Eine wichtige Rolle auf dem Weg junger Menschen zum Priesteramt kommt zweifelsfrei jenen Priestern zu, die heute in den Gemeinden ihren Dienst verrichten. Es kommt darauf an, wie junge Männer sie erleben. Und zudem, ob sie geeignet Erscheinenden (gefragt oder ungefragt) den Priesterberuf anraten.

»Wenn sich eine Gelegenheit bietet, rede ich geeigneten Menschen zu, den Priesterberuf zu ergreifen.« –

»Zum Priesteramt rate ich jungen Menschen nur, wenn sie mich aus eigenem Antrieb um Rat fragen.« – »In der heutigen Situation rate ich jungen Menschen eher ab, Priester zu werden.«

Vor diese drei Möglichkeiten waren Priester im Rahmen der großen Studie **PRIESTER 2000**© gestellt worden. Angefügt wurde sodann noch eine offene Frage: »Wenn mich jemand fragt, ob er Priester werden soll, dann würde ich ihm sagen…«

Zwei Drittel der befragten Priester haben eine persönliche Antwort an einen (möglichen) Fragenden formuliert.

Nur wenige stehen nicht zu ihrem Amt

Nur ganz wenige der befragten Priester (4,4%) würden einem jungen Mann vom Priesterberuf abraten. Die offene Frage zeigt, in welche Richtung die Gründe gehen. Solche Priester haben starke Probleme mit der Amtstheologie (»Wird einmal die Kirche reformiert, wird es keinen Klerus mehr geben«), aber auch mit der Kirchenzentrale; einer würde raten, ein priesterlicher Mensch außerhalb der Kirche zu werden.

Überlegen

Schon deutlich größer ist die Zahl jener Priester, die einen jungen Mann zum Überlegen drängen würden. Der Einzelne solle sich selbst prüfen und nicht voreilig entscheiden. Manche empfehlen, zuerst einen profanen Beruf zu ergreifen und nicht vor dreißig die Ehelosigkeit zu wählen. Die Gründe für eine positive Entscheidung sollten in einem ignatianischen Entscheidungsvorgang geklärt werden. Manche Priester scheinen auch nicht sicher zu sein, ob alle, die sich heute für das Priesteramt interessieren, auch wirklich geeignet sind. Das macht sie zurückhaltender.

Zudem gehört es zu unserer Kultur, nicht auf andere »zuzugehen«, sie anzureden. Ich erinnere mich, dass ich nach meinem Abitur von mehreren Orden angeredet worden bin, ob ich nicht Interesse hätte, bei ihnen einzutreten. Heute kommt das selten vor. Das gilt aber nicht nur für den Priesterberuf, sondern für den Glauben insgesamt. Religion gilt neben dem Geld als unantastbare Privatsache. Darüber wird nicht geredet. Brauchen wir Christen nicht eine kommunikative Offensive für den Glauben und auch für den Priesterberuf? Das alte Wort dafür heißt »mission«. Kein Unternehmen, so moderne Unternehmensberatung, kann ohne »mission« bestehen... Unter den befragten Priestern bleiben immerhin 44% im Standby, wenn es um den Priesterberuf eines jungen Mannes geht; sie warten zu, ob einer sie fragt. 52% der Priester reden junge Menschen an.

Anreden

Nun steht fest: Wer jemandem den Priesterberuf ausredet, fühlt sich selbst in diesem gar nicht gut. Wer wartet, bis ein junger Mann ihn anredet, fühlt sich zumeist deutlich eher stimmig mit seinem Beruf. Wer hingegen einem anderen zuredet, steht engagiert hinter seinem Beruf. Wer einem anderen von sich aus zuredet, würde sich auch selbst wieder ganz sicher für den Priesterberuf entscheiden, müsste er dies noch einmal tun: Zwei Drittel zählen dazu. Unter jenen, die darauf warten, dass sie jemand fragt, würden hingegen nur noch 40% ganz sicher wieder den Priesterberuf wählen. Wer hingegen einem jungen Mann, der fragt, abrät, neigt dazu, sich auch selbst nicht wieder dafür zu entscheiden (hier sind sich nur 10% sicher, dass sie es wieder tun würden).

Die Werbung der Priester für den Priesterberuf gibt somit eine starke Auskunft darüber, wie »grundstimmig« sie selbst mit ihrem Beruf sind. Werbende Priester sagen dann auch zu jungen Männern: »Komm und schau, wie ich selbst lebe« – »Komm vier Wochen in mein Pfarrhaus und leb mit und dann entscheide dich!«

Die Antworten auf die »offene Frage« (Was würde ich einem jungen Menschen sagen, der fragt, ob er Priester werden soll?) sind also sehr bunt und spiegeln die Erfahrungen der Priester mit ihrem Dienst und Leben wider. Wenige raten ab, andere raten zum geduldigen und spirituell ernsthaften Prüfen (weil es eben eine folgenreiche Entscheidung ist, hinein in eine konkrete Kirche und eine kirchlich wie gesellschaftlich kaum gestützte Lebensform).

Viele Priester aber würden einen solchen jungen Mann beglückwünschen, ihn auffordern, mutig zu sein und die große Chance zu nützen. Deren Texte lesen sich wie freudige Hymnen auf den Priesterberuf. Für zwei Drittel ist der Priesterberuf mit starken positiven Eigenschaften besetzt. Zählt man die Eigenschaftswörter, die in den geschriebenen Texten zur »offenen Frage« den Priesterberuf charakterisieren, dann erhält man eine beeindruckende Liste (in der Klammer steht die Anzahl der Nennungen): erfüllend, ausfüllend, beglückend (45), schön (44), glücklich, zufrieden (22), spannend (15), interessant (14), wunderbar (10), sinnerfüllt (8), gebraucht (7), großartig (7), faszinierend (6), ehrlich (5), toll (7), wichtigst (4), beste (3), lohnend (3), menschlich (3), abwechslungsreich (2), bereichernd (2), lebendig (2), vielseitig (2), aufregend (1). Negative Eigenschaften stehen hingegen in dieser Wortliste weit im Hintergrund: schwer, schwierig, anstrengend, aufreibend (16), abgehoben (1).

Personalentwicklung statt Plakate

Die Grundstimmigkeit von Priestern ist somit ein sehr wertvolles »Kapital« für die Sorge um künftige Priesterberufe. Ähnliches gilt wohl auch für die Ordensberufe, aber auch für alle anderen pastoralen Berufe wie Diakon, Pastoralreferentin und -referent, Gemeindereferent und -referentin. Eine wirksame Werbung geschieht weniger durch Worte, sondern mehr durch Taten von Personen, und dabei vor allem durch die lebensmäßige und berufliche Grundstimmigkeit.

Personalentwicklung bringt deshalb wohl mehr für pastorale Berufe als viele Plakate.[64] Was nützt es denn

---

64   Eine bemerkenswerte Plakatserie zur Werbung für Priesterberufe brachte die Erzdiözese Wien heraus. Sie stützte sich dabei auf Vorarbeiten der Diözese Essen.

auch, wenn schöne Bilder durch die konkreten Personen ständig widerlegt werden. Personalentwicklung wiederum steht in Verbindung mit Kirchenentwicklung. Eine Kirche, in der pastoral Berufstätige das Gefühl haben, oftmals doppelbödig leben und arbeiten zu müssen – weil etwa das, was von der Kirchenleitung kommt, mit den Lebensgeschichten konkreter Menschen oftmals nur schwer zu vermitteln ist –, betreibt selbst eine Abwerbung vom Priesterberuf. »Die je eigene Berufung ist nicht davon abhängig, an welchem Ort ich lebe und welche Tätigkeit ich exakt ausübe. Viel entscheidender ist, authentisch das leben zu können, was ich vom Evangelium verstanden habe« – so eine Pastoralreferentin über ihre langjährigen Berufserfahrungen.[65]

Die Frage ist freilich, wie heute junge Männer mit grundstimmigen Priestern zusammenkommen und deren Leben und Arbeiten aus der Nähe wahrnehmen können. Immer weniger Priester arbeiten mit Jugendlichen. Das ist eine der Folgen auch ihres einst traditionellen und exklusiven Engagements im Religionsunterricht, der zu vielen Berufungen führte, wo Jugendliche ihren priesterlichen Religionslehrer als Autorität, als authentisch und in sich ruhend erfahren konnten. Priester sind also in Gefahr, als Kirchenorganisatoren den Zugang zu den Lebensgeschichten der Menschen zu verlieren – 85% der befragten Priester klagen darüber. Den Priesterberuf lernt man aber am

---

65 Hennersperger, Anna: »Auf schönem Land fiel auch mir mein Anteil zu ...«, in: Anzeiger für die Seelsorge 111 (2002) 16–20.

ehesten in der Nähe von Priestern, die in ihrem Beruf zufrieden sind.

Ein weiterer Grund, die Priesteramtskandidaten in der Nähe eines engagierten Pfarrers anzusiedeln!

Moderne Welt

Nun zeigt die Studie **PRIESTER 2000**©, dass es eine solche hohe Zufriedenheit am meisten bei jenen Priestern gibt, die sich spirituell von der modernen Welt absetzen. Diese werden in der Priesterstudie als »zeitlose Kleriker« bezeichnet. Sie leben stark im abgeschiedenen spirituellen Haus ihrer persönlichen Berufung, zurückgezogen hinein in Gott, fühlen sehr intensiv ihre Berufung durch Christus und leben aus der Kraft der Weihe von Menschen und Gemeinden abgesondert – alles Eigenschaften, die für sich etwas Richtiges an sich haben, aber für den pastoralen Dienst nicht ausreichen. Denn für den pastoralen Dienst in der Nachfolge Jesu braucht es eine »tiefe Liebe, eine tägliche Anwesenheit, ein Teilnehmen am Geschick und den täglichen Leiden des Volkes« (Carlo M. Martini).

Nicht wenige Priester setzen sich heute diesem modernen Leben aus, sie stehen unter einem massiven Modernisierungsstress. Vor allem der vierte – in der Studie entdeckte – Haupttyp im Klerus, der »zeitgemäße Gemeindeleiter«, ist einer, der in das zeitgenössische Leben eintaucht, sich an die Seite der Menschen begibt. Das bringt ihn aber auch in die Gefahr, ein »Zeitgeistlicher« (Johann Michael Sailer) zu werden. Die Moderne kann seine spirituelle Kraft austrocknen, was wiederum dem pastoralen Dienst schadet. Dazu kommt, dass aus der Sicht nicht weniger Priester (und auch Laien) große Teile der Kirche sich mit der Öffnung zur modernen Welt nicht nur schwer, sondern immer schwerer tun. Zwar sehen auch diese Priester durchaus die Spannung zwischen der modernen Kultur und dem Evangelium. Aber sie leiden darunter, dass viele in der Kirche die guten Seiten der modernen Kultur nicht sehen und auch nicht sehen wollen.

Gerade zeitoffene und zeitgemäße Priester sind in dieser Lage weniger zufrieden. Sie fühlen sich aufgerieben von der modernen Kultur und zugleich im Stich gelassen von einer Kirche, die das Gute im modernen Leben oftmals zu wenig würdigt. Eben das führt dazu, dass gerade die zeitoffenen Priester beruflich weniger zufrieden sind und auch für den Beruf weniger werbende Kraft entwickeln.

Die Auswirkungen dieser Situation sind bedrängend. Wenn eher die zeitlosen und weltabgewandten

Kleriker wegen ihrer erhöhten Zufriedenheit für den Beruf werbend wirksam sind, dann ist anzunehmen, dass auch eher weltabgewandte Jugendliche angezogen werden, die sich mit der modernen Lebensweise schwer tun. Die Zeitoffenen hingegen könnten – auch wegen der Unzufriedenheit der weltzugewandten Priester – abgeschreckt werden.

Spiritualität

Die Weltzugewandten leben in der Gefahr zu verweltlichen. Eine Art Säkularisierung des priesterlichen Dienstes kann sich einstellen. Gegen diese Gefährdung benötigten die weltzugewandten Gottesmänner eine starke, auf Gott rückbindende Spiritualität, einen intensiven Austausch mit dem Evangelium und nicht zuletzt tragende gläubige Netzwerke: Priesterkreise, Zusammenkünfte von Seelsorgerinnen und Seelsorgern, die Einbindung in eine Basisgemeinde. Werbung für Priester, welche die Kirche für morgen dringend braucht, bedeutet daher, dass jene, die heute Priester sind, eine gute Balance halten können zwischen dem Eintauchen in die Lebenswelt moderner Menschen und zugleich dem Eintauchen in das tragende Geheimnis Gottes, das uns in Jesus Christus nahe gekommen ist. Die Kirche braucht vor allem Priester, die gottvoll und menschennah in einem sind.

Ehrliche Kirche als Bedingung

Die Arbeitsstelle für kirchliche Sozialforschung in Wien – sie ist angebunden an das Institut für Pastoraltheologie an der Katholisch-Theologischen Fakultät der Universität Wien – begleitet seit geraumer Zeit Pfarrgemeinden, die sich auf einen Entwicklungsweg machen. Zu entwickeln gilt es auf diesem Weg eine Pfarrvision, die orientiert und leitet. Sodann braucht es eine visionsgeleitete Pfarranalyse, um schließlich zu auswertbaren Projekten für den nächsten pfarrlichen Entwicklungsschritt zu kommen.[66]

Im Rahmen der Pfarranalyse, die mit einem Erhebungsbogen »15 Fragen zum pfarrlichen Leben« durchgeführt wird, wird auch gefragt, was einem Christen, einer Christin auf keinen Fall fehlen darf. Viele Antwortmöglichkeiten waren vorgegeben: Einsatz für Benachteiligte, persönliche Gottesbeziehung, Offenheit für Andersdenkende, stellt Zeit und Fähigkeiten für kirchliche Aufgaben zur Verfügung, beteiligt sich am Leben der Gesellschaft, am Leben einer christlichen Gemeinschaft, führt ein moralisches Leben, hat Gerechtigkeitssinn, ist solidarisch, hat Lebensfreude, Verantwortung für die Umwelt, Sonntagskirchgang, kann verzeihen. In dieser Liste war zudem die Ehrlichkeit angeführt.

Sie erhielt in allen Pfarrgemeinden, die sich bislang dieses Analyseinstruments bedient haben, stets den

---

66 Zulehner, Paul M./Gönner, Hannes/Schweighofer, Johannes: Pfarranalyse. Anstoß zur Pfarrgemeindeentwicklung. AfkSDossier15, Wien 1997.

ersten Platz vor allen weiteren Eigenschaften wie Gottesbeziehung, Einsatz für Benachteiligte, moralisches Leben.

Wenn die Menschen heute der Kirche etwas vorwerfen, dann nicht ihr Versagen, sondern dass sie zu diesem nicht steht.

Dass der Wunsch nach Ehrlichkeit so weit oben rangiert, wird vermutlich aber auch damit zu tun haben, dass es um sie in der Kirche nicht sehr gut bestellt ist. Verschleierungen, »Überwahrheitungen«, Meinungsumleitungen kommen zu oft vor. Man könnte meinen, dass sich die Kirche in der Öffentlichkeit vor ihren eigenen Schwächen schützen will – und sich eben durch die Hauptschwäche der Unehrlichkeit schadet, die ihrerseits nicht selten aus der Angst vor der existentiellen schmerzlichen Wahrheit geboren wird und keineswegs böswillige oder feige Unehrlichkeit ist.

Für Ehrlichkeit und damit verbunden für Echtheit sind gerade junge Menschen sensibel, vermerkte anlässlich seines achtzigsten Geburtstags der Innsbrucker Altbischof Reinhold Stecher in einem Radiogespräch. Junge Menschen, so sagte er, haben ein »Feeling für Echtheit, dafür, ob jemand das, was er sagt, zu leben versucht, oder ob es nur Sprüche sind«. Besonders werde die Glaubwürdigkeit gestört, wenn die Menschen den Eindruck haben, die Kirche handle aus einem Machtdenken heraus. Hier seien die Menschen heute viel sensibler als früher.[67]

---

67   KATHPRESS vom 27./28.12.2001, 7.

Nicht selten sagen auch junge Menschen ihren aufgeschlossenen und abwägenden Religionslehrerinnen und -lehrern oder auch Pfarrseelsorgern: »Ja, Sie kann man ja hören, Sie verstehen die Menschen, Sie haben Erbarmen mit jenen, die es nicht so gut schaffen, das Ideal des Evangeliums zu leben ... Aber das, was amtlich gesagt wird ...« Doppelzüngigkeit wird beobachtet. Rom redet grundsätzlich und erwartet von den Bischöfen, das Grundsätzliche »pastoral« zu vermitteln. Warum kann sich nicht das Grundsätzliche schon pastoral sagen lassen? Das wäre, als ob Jesus scharfe Predigten gehalten und seine Jünger dann beauftragt hätte, den Leuten eine abgemilderte und humanere Version zu liefern. Die Botschaft Jesu aber ist gerade jene von einem Gott, der will, dass es um den Menschen gut ist, dass er sich aufrichtet, der des »Menschleins gedenkt« (Psalm 8) und sich seiner erbarmt, damit er leben kann.

Zu den hohen Hürden junger Menschen auf dem Weg zum Priesteramt gehört die Angst, im pastoralen Alltag anders reden zu müssen, als offiziell geredet wird. Und das macht auf die Dauer in unerträglichem Maße schon heute Priester schizophren und auch – wie die Studie zeigt – »romaggressiv«. Und das nicht, weil sie gegen das Evangelium sind, sondern gegen die Trennung von objektiver »Wahrheit« und menschenrespektierender Pastoral. Gott als Wahrheit ist aber gerade menschenfreundliches Entgegenkommen. In solchem Entgegenkommen in der Art Gottes könnte die wahrgenommene tragische Spaltung zwischen Lehramt und Pastoral, Rom und vielen Ortskirchen überwunden werden.

Nun sind an dieser von den Menschen als verwerflich erlebten Unehrlichkeit natürlich nicht nur die weltkirchlichen Dienststellen schuld. Auch die Ortskirchen könnten sich in den »Wahrheitsprozess« Roms aufgrund ihres »lokalen« Lehramts mehr und effizienter einschalten. Es bräuchte mehr Synodalität in der einen Weltkirche.

Die meisten Priester treten an als Brückenbauer. Sie möchten das Evangelium mit dem Leben der Zeitgenossen verweben. 37% der befragten Priester erfahren zwischen den Forderungen der Kirche und den Nöten und Problemen der Gläubigen starke Spannungen; dazu kommen 43%, die dieser Aussage eher zugestimmt als sie abgelehnt haben. Das ergibt zusammen besorgniserregende 80%.

Wer heute Priester aus der Nähe erlebt – Bischöfen geht es vielfach nicht anders –, spürt etwas von dem Leiden an solcher Spannung. Natürlich ist ein Teil dieser Spannung unbehebbar. Es ist jener pastorale Grundkonflikt, der sich stets zeigen wird zwischen dem Geist der modernen Kultur und dem Geist des Evangeliums. Der Verdacht, dass ein beträchtlicher Teil der Spannung überflüssig ist, weil er sich einer unbegründeten Ablehnung einer vorverurteilten Moderne verdankt, hat zu viel für sich.

Für einen jungen Menschen, der sich für das Priesteramt entscheiden will, ist diese Lage nicht sonderlich anziehend. Wer will schon in einen Beruf, zu dessen Merkmalen zunehmend die Zerrissenheit gehört – und zwar nicht jenes Kreuz, das der unentrinnbare Grundkonflikt auferlegt, sondern das unnötige Leiden zwischen Moderne und Evangelium? Gerade jene, die in der modernen Kultur groß geworden sind, mit ihrer Wertschätzung der Person, der Individualität, der Eigengestaltung des Lebens, mit der Erwartung, dass Autorität dialogisch und argumentativ ausgeübt wird, mit ihrem Sinn für Wahrhaftigkeit und Ehrlichkeit – werden für sie die Hürden einer befremdlichen Kirchenkultur auf ihrem Berufungsweg nicht zu hoch?

Wenn es aber der Kirche nicht gelingt, weltoffene »moderne« (junge) Menschen für den Priesterberuf zu gewinnen, dann folgte daraus, dass sie letztlich nur noch Modernitätsflüchter anzöge. Das wäre aber langfristig für die Kirche tragisch. Das Presbyterium würde seine Buntheit verlieren. Einem bunten Kirchenvolk (auch in den einzelnen Pfarrgemeinden) stünde dann ein eintöniges Presbyterium gegenüber.

Das Umfeld gemeinsam bereiten

Nach all dem Gesagten zahlt es sich aus, kurz eine Zwischenbilanz zu ziehen. Es gilt auch hier, dass es manche Dinge gibt, die man entweder gemeinsam schaffen kann – oder man schafft sie gar nicht. Ich rechne dazu die Gestaltung eines Umfelds, das den Priesterberufungen, die es zweifelsohne heute im selben Ausmaß wie zu anderen Zeiten auch gibt, förderlich sein kann. Unsere Priester, die jetzt im Amt befindlichen, aber auch die zukünftigen, müssen es uns wert sein, nicht bloß Anstrengungen dahingehend zu unternehmen, sie zum Priesterberuf zu gewinnen, sondern auch dafür Sorge zu tragen, dass ihr Leben gelingen kann.

Dazu gehört einmal – unaufgebbar –, alles gegen den Priestermangel, auch wenn man ihn vielerorts leugnet, bzw. ihn als Mangel an geeigneten Priestern definiert, zu unternehmen. Dazu gehören – nicht der Wichtigkeit nach gereiht – auch weiterhin Gebet, Werbung, veränderte Ausbildungsbedingungen, vor allem aber Sorge um die wichtigsten Werbeträger: um die Priester selbst. Daher formuliert das Leitbild der Erzdiözese Wien: »Wir begleiten in besonderer Weise unsere Priester und tragen dafür Sorge, dass trotz des Priestermangels die ganze Breite des priesterlichen Amtes für sie lebbar und erlebbar bleibt.«[68] Dass es in Ordinariaten, aber auch in Gemeinden wieder neu eingelernt werden muss, das Possessivpronomen »unsere« in Zusammenhang mit den Priestern zu verwenden, sei nur nebenbei erwähnt.

Gegen alle Trends zur Privatisierung von Religion darf sich die Kirche nicht damit zufrieden geben, immer mehr nur die privaten Nischen, die ihr noch zugewiesen sind, unauffällig und folgenlos für Staat und Gesellschaft zu füllen. Noch ist in der Wertschätzung, die Priester in der Gesellschaft genießen, eine wertvolle Erinnerung daran spürbar, dass eine Berufung zum Priester nicht nur privaten und persönlichen, sondern auch öffentlichen Charakter hat. Denn niemand

---

68   Leitbild der Erzdiözese Wien, 27.

darf sich eine priesterlose Gesellschaft wünschen, in der etwa nur mehr von Konfliktmanagement, aber nicht mehr von Vergebung die Rede ist. Wenn Religion sich weiter damit begnügt, ihre gesellschaftsgestaltende Kraft zu verdrängen, und nicht ermutigt auf die Stimmen jener hinhört, welche das säkulare Dogma der Privatheit von Religion immer deutlicher und öffentlicher in Frage stellen, wird der Stellenwert des Priesterberufs nicht zu halten sein. Gerade dieser Anspruch auf Öffentlichkeit von Priesterberuf und Kirchesein schützt auch vor jeder schädlichen Anbiederung und Nützlichmachung: durch vermeintliche Wertvermittlung ohne den »Umweg« über den Glauben (vor allem im privaten Bereich), durch Sinnstiftung (in einer Gesellschaft, die sich vor allem am Nutzen orientiert) und durch Therapie (zur Heilung jener Wunden, die eine ökonomistische Gesellschaft schlägt, die sich aber jeder Veränderung widersetzt).

Die Kirchenleitung ist in vielerlei Hinsicht am Zug. Sie hat Kompetenz und Verantwortung, daher gibt es auch in ihrem Bereich so etwas wie fahrlässige Unterlassung. Halbherzig ist es jedenfalls, die Lösungen, die man selbst nicht findet oder nicht finden zu dürfen meint, der Praxis der nächsten Ebene zuzumuten. Dies ist ein Weg zuungunsten letzterer, die sie zu dauernden Grenzgängen zwingt, sie manchmal auch heillos überfordert und von Zeit zu Zeit in des Teufels öffentliche Medienküche bringt. Ziel muss es sein, gemeinsam Lösungen zu suchen, die der doppelten Treue gegenüber dem Menschen und gegenüber Gott entsprechen. Dabei geht es etwa um einen verantworteten

Umgang der Kirche mit dem, was sie oft allzu schnell »scheitern« nennt; dabei geht es in vielen Belangen um die Frage, wie die Kirche in Wahrung der Treue zu ihrem Auftrag deutlicher das menschenfreundliche und barmherzige Angesicht Gottes widerspiegeln kann; dabei geht es um die Frage, wie sich eine Kirche entwickeln kann, die sich nicht nur unter dem Wort Gottes weiß, sondern sich auch vom Wort der Menschen Bereicherung und Weisheit erwartet.

Wenn man die Berufungsbiographien von Priestern vergangener Jahrzehnte, ja Jahrhunderte liest, erkennt man den ungeheuer wichtigen Bereich der Schule als einem Ort, in dem wichtige Vorentscheidungen fielen. Kennen lernen von bedeutenden und prägenden Priesterpersönlichkeiten; Erfahrung vom angesehenen und alle Wissenschaften zusammenführenden Gegenstand Religion, der übrigens auch heute noch den Fächerkanon im Zeugnis anführt; die führende Rolle der Kirche im Bereich Bildung durch die renommierten Ordensschulen; das Wissen, dass gerade die Besten eines Jahrgangs sich für das Theologiestudium entscheiden. Alles, was dazu dient, das auch intellektuelle Niveau eines Religionsunterrichts zu heben, der sich wieder zumutet, aus den ureigenen Quellen tiefer zu schöpfen, wird eine gemeinsame Anstrengung wert sein, die auch den Priesterberufungen förderlich sein wird; katholische Schulen, die sich wieder ihrer Identität als missionarische Orte stärker bewusst werden, werden den Berufungen förderlich sein; jedes Engagement der Kirche im Bildungsbereich, das erkennbar aus dem ihr eigenen Menschenbild resultiert, wird Berufungen förderlich sein; jedes Öffentlichmachen der religiös-ethisch-philosophischen Dimension von Bildung, wie es in den letzten allgemeinen Lehrplänen geschehen ist, wird auch Berufungen förderlich sein.

Der Priester als Brückenbauer

»Als Jesus hörte, dass man Johannes ins Gefängnis geworfen hatte, zog er sich nach Galiläa zurück. Er verließ Nazaret, um in Kafarnaum zu wohnen, das am See
liegt, im Gebiet von Sebulon und Naftali. Denn es sollte
sich erfüllen, was durch den Propheten Jesaja gesagt
worden ist: Das Land Sebulon und das Land Naftali, die
Straße am Meer, das Gebiet jenseits des Jordan, das
heidnische Galiläa: Das Volk, das im Dunkel lebte, hat
ein helles Licht gesehen; denen, die im Schattenreich
des Todes wohnten, ist ein Licht erschienen.Von da an
begann Jesus zu verkünden: Kehrt um! Denn das Himmelreich ist nahe« (Mt 4,12–17).

Dieser Text über das Wirken Jesu aus dem Mat-
thäusevangelium liegt meinen pastoraltheologischen
Meditationen zugrunde. Dabei gilt es sich eingangs
kurz zu vergewissern, was Jesus wollte. Dann aber
wenden wir uns der Hauptfrage meiner Überlegungen
zu, auf welchem Weg Jesus sein Ziel zu erreichen versuchte.

• Das *Ziel* gibt Jesus an in der Formel: »Kehrt um!
  Denn das Himmelreich ist nahe.«
• Den *Weg* wiederum können wir in der Passage erkennen: »Er verließ Nazaret, um in Kafarnaum zu
  wohnen, das am See liegt, im Gebiet von Sebulon
  und Naftali.«
• Sind schließlich diese beiden Fragen nach dem Ziel
  und dem Weg durchdacht, dann wenden wir uns
  noch eine Weile uns selbst zu, die zum priesterlichen Amt in der Kirche Christi berufen sind. Dies
  wird uns zur Aussage führen, dass eine der Haupt-
  eigenschaften von uns Priestern unsere »pontifi-

kale Kompetenz« ist. Damit ist der Priester als *Brückenbauer* gemeint: einer also, der eine Brücke baut zwischen Jesu Auftrag und der jeweiligen Kultur, in die Gott selbst uns (ohne unser Zutun) hineingestellt hat.

»Das Himmelreich ist nahe«

»Das Himmelreich ist nahe«: Diese elementare Aussage signalisiert Jesu Herzensanliegen. In ihm ist es schon da. Es soll sich durch jene in der Welt verbreiten, die ihm nachfolgen: also durch seine von ihm gesammelte Jüngergemeinde, seine Kirche – durch uns.

Himmelreich meint hier etwas unorthodox umschrieben:

- Dass Gottes Urbild vom Menschen, sein Schöpfungstraum sich verwirklicht.
- Formen soll sich jener Mensch, der um seinen Ursprung aus Gott und seine Rückkehr in Gott weiß.
- Ein solcher Mensch lebt daraus – wie Paulus unter Berufung auf einen griechischen Dichter Aratus aus dem 3. Jh. v. Chr. den skeptischen Aufgeklärten auf dem Areopag Athens erklärt –, »von Gottes Art zu sein« (Apg 17,28).
- Ein solch gottvoller Mensch wird dann wie Gott, der in sich lautere, beziehungsreiche Liebe ist, ein Liebender sein: was ihm möglich ist, weil aus dem Getragensein durch Gott seine tief sitzende Daseins-

angst und die daran geknüpfte psychische Obdach-
losigkeit und Einsamkeit besiegt sind.

* Die Kirche, die dem Kommen des Himmelreichs
  dient, steht daher für eine neue Welt, einen neuen
  Menschen, der *gottvoll und (daher) liebesstark* ist.
  Himmelreich meint somit die konkrete Lebenskultur der Menschen in einer geheilten Gestalt – nicht
  eine Fluchtwelt jenseits des alltäglichen Lebens der
  Menschen.

»Verließ Nazaret, um in Kafarnaum zu wohnen«

Damit stehen wir bereits vor der Hauptfrage meiner
pastoraltheologischen Meditation. Wie kümmert sich
Jesus um das Kommen des Himmelreichs, das sich aus-
breiten soll inmitten der Lebenswelt der Menschen von
heute: also in der jeweiligen Kultur? Die Antwort: Jesus
vollzieht einen Ortswechsel von Nazaret nach Kafarnaum.

1989 hat der große Kardinal von Mailand Carlo Maria Martini in Rom zu einem Symposium des CCEE
zum Thema Geburt und Tod als Herausforderung der
Evangelisierung eine Exhorte gehalten. Er wollte den
Bischöfen genau für das Anliegen der Evangelisierung
der europäischen Kultur eine angemessene Geisteshaltung vermitteln und stützte sich dabei auf den von
mir gewählten Text.

Er forderte in seiner Homilie, deren zentrale Passage ich hier zitiere, von den Bischöfen einen ähnlichen »Ortswechsel«, wie Jesus ihn vorgenommen hat, als er von Nazaret nach Kafarnaum hinabstieg.

Hören wir Kardinal Martini, den großen Bibliker im Bischofsamt, selbst:

»Um die Geisteshaltung ... auszudrücken, will ich mich auf eine Stelle des Matthäusevangeliums beziehen. Am Beginn seines Wirkens – er hat bereits die Versuchungen bestanden – ›verließ Jesus Nazaret, um in Kafarnaum zu wohnen, das am See liegt, im Gebiet von Sebulon und Naftali. Denn es sollte sich erfüllen, was vom Propheten Jesaja gesagt worden ist‹ (Mt 4,13f).

Der Evangelist deutet das, was von außen besehen nichts anderes als einfacher Ortswechsel erscheint, als eine Tatsache von tiefer Bedeutung.

Was war nämlich *Nazaret*? Ein unbedeutender Marktflecken in Galiläa, der weder im Alten Testament noch bei Josephus Flavius noch im Talmud erwähnt ist. Es ist ein Ort ländlicher Ruhe, einfacher Lebensformen, kleiner Eifersüchteleien und begrenzter Horizonte. Im Vergleich dazu erscheint Kafarnaum als eine offene und bunte Stadt, ein Ort der Arbeit und des Handels, der Banken und des Verkehrs, Grenzstadt im Galiläa der Heiden, Sitz der römischen Verwaltung, Ort der Begegnung zwischen den Kulturen.

Auch für Jesus bedeutet der Ortswechsel nach *Kafarnaum*, Gewohnheiten, das Vorhersehbare zu verlassen und sich dem Wandel, den Begegnungen auszuliefern, dem, was wir heute Auseinandersetzung mit

der ›Moderne‹, mit der ›Komplexität‹, mit dem ›Pluralismus‹ nennen. Nach Kafarnaum hinabsteigen hieß
also, sich mit einer neuen Lebensweise auseinander zu
setzen, mit Leuten, mit dem täglichen Leben, das ge-
kennzeichnet ist von harter Arbeit und Leiden, von
Neuem und Unsicherheit. Nicht umsonst beschreibt
der Evangelist Markus den ersten Aufenthalt Jesu in
Kafarnaum als eine Begegnung mit Besessenen und
mit allen möglichen Kranken (Mk 1,23.30.32).

Jesus begegnet diesem Wandel *nicht widerwillig*, so
als ob er nostalgisch Nazaret verbunden geblieben
wäre. Er hat Kafarnaum so angenommen, dass man es
›*seine Stadt*‹ nennen konnte (Mk 9,1). Das hinderte ihn
nicht, frei und kritisch gegenüber der Stadt zu sein. Er
verschweigt nicht die Schuld, spart nicht mit Mahnun-
gen, bis hin zur Drohung, wie man in Mt 11,23 sieht.
Aber alles nimmt seinen Ausweg von einer tiefen Liebe,
von einer täglichen Anwesenheit, von einem Teilnehmen
am Geschick und den täglichen Leiden seines Volkes.

Etwas Ähnliches ist schon den Verbannten im fünften Jahrhundert gesagt worden, von denen im 29. Ka-
pitel bei Jeremia die Rede ist. Sie lebten vom Heimweh
nach der alten Kultur in Jerusalem und sie fühlten sich
wie Fremdlinge im Land Babylon. Der Prophet Jeremia
sagt ihnen nicht, sie sollten Jerusalem vergessen. Er
verbietet ihnen auch nicht, ihr Idealbild vor Augen zu
haben. Er untersagt ihnen aber das Heimweh nach einer Lebensweise, die es nicht mehr gibt und niemals
mehr geben wird und die sie hindert, mit Liebe in der
neuen Stadt zu arbeiten, die in der Zwischenzeit, ohne
dass sie es sich ausgesucht hätten, ihnen durch den

Gang der Dinge anvertraut worden ist: ›So spricht der Herr der Heere, der Gott Israels, zur ganzen Gemeinde der Verbannten, die ich von Jerusalem nach Babel weggeführt habe: Baut Häuser und wohnt darin, pflanzt Gärten und esst ihre Früchte! Nehmt euch Frauen und zeugt Söhne und Töchter, nehmt für eure Söhne Frauen und gebt euren Töchtern Männer, damit sie Söhne und Töchter gebären. Ihr sollt euch dort vermehren und nicht vermindern. Bemüht euch um das Wohl der Stadt, in die ich euch weggeführt habe, und betet für sie zum Herrn; denn in ihrem Wohl liegt euer Wohl‹ (Jer 29,4–7).

Auch Jona, nach Ninive geschickt, muss auf seine Kosten lernen, diese Stadt zu lieben und sich über ihre Bereitschaft zur Umkehr zu freuen, denn wie könnte es Gott ›nicht leid sein um Ninive, die große Stadt, in der mehr als hundertzwanzigtausend Menschen leben, die nicht einmal rechts und links unterscheiden können – und außerdem so viel Vieh?‹ (Jona 4,11)«

Kulturation

Nicht nur Jesu Weg ist jener hinein in die zeitgenössische Kultur. Auch unsere Berufung, unser Auftrag als Kirche ist es, in einer täglichen Anwesenheit teilzunehmen am Geschick und den täglichen Leiden der Menschen. Darin geschieht Begegnung zwischen dem Evangelium und der jeweiligen Kultur, in die Gott uns hineingestellt hat. Eben diese Begegnung verdient den Namen Evangelisierung. Als solche ist sie ein Wechselspiel. Johannes Paul II. definierte *Evangelisierung* in einem Schreiben an die Präsidenten des CCEE im Jahr 1985. Dort heißt es: Evangelisierung bedeutet, *dass die Kirche lernt und lehrt.*

* Die Kirche lernt von der Kultur: Ich nenne solches Lernen der Kirche Kulturation der Kirche durch die Welt.
* Umgekehrt lernt die Kultur von der Kirche, die sie das Evangelium lehrt: Solches Lehren ist Kulturation der Welt durch die Kirche.

Ich werde jetzt diese zwei Formen der Kulturation ein wenig näher darlegen.

Kulturation der Kirche

Die Kirche hat nicht immer von der Kultur gelernt. Ich greife ein einzelnes Beispiel heraus, nämlich die Missionierung des Igbolandes in Nigeria. Der Priester Celestin Ekkenia aus diesem Stamm hat soeben seine Doktorarbeit darüber geschrieben. An einer Stelle seiner engagierten Doktorarbeit heißt es:

»Früher hatten die europäischen Missionare die Bibel, und wir hatten das Land. Heute haben wir die Bibel, und die Europäer haben das Land.«

Ekkenia hat herausgearbeitet, wie Evangelisierung oftmals lief: Zugleich aber macht er klar, dass sie so nicht gehen kann. Denn, so seine Kritik, es wurde ein europäisiertes Christentum eingepflanzt, jenes Christentum, in dem die Missionare (wie Jesus in Nazaret) daheim waren. Sie stiegen nicht nach Kafarnaum hinab.

Der Preis dafür war sehr hoch. Denn Christentum hat die, die gläubig wurden, der Kultur und ihren Reichtümern entfremdet. Es entstand nach und nach die tragische Alternative: Entweder bist du ein Christ oder ein Igbo ...

Im Zuge dieser Missionierung, die zugleich eine Entkulturation der Bevölkerung mit sich brachte, haben die Missionare viele Reichtümer der alten Igbo-Kultur übersehen: den Umgang mit Ahnen, die entfaltete Kultur der Trauer, die hohe Solidarität zwischen den Generationen, die tiefe Kultur des Feierns.

Kulturation durch die Kirche

Mit der Forderung einer Kulturation der Kirche – dass also die Kirche immer auch von den Reichtümern der Kultur zu lernen hat, ist aber nicht mitgesagt, dass sie alles übernehmen und keine prophetischen Änderungen vornehmen soll. Denn jede Kultur ist ambivalent, sie hat heile, aber auch heillose Anteile. So haben schon einige afrikanische Doktoranden über das Kulturgut der Polygamie gearbeitet. Dabei habe ich die Versuchung beobachtet, diese altehrwürdige Einrichtung aus ökonomischen Gründen wie aus Gründen der klugen Ordnung des Zusammenlebens mit den Geschlechtern nur positiv zu bewerten. Wird dabei aber nicht übersehen, welche Rolle Frauen in solchen alten männerzentrierten Kulturen zukommt?

In welchen Bereichen ringen aber heute unsere Kulturen? Wo sind die Kirchen herausgefordert? Im Zuge der Kulturation, der lehrenden Mitgestaltung der Kultur, in die wir hineingestellt sind, stellen sich heute zumeist zwei große Themen – jenes der Spiritualität und jenes der Solidarität. Hier kommen auf die Kirchen große Aufgaben zu.

- Zur Spiritualität gehören heute immer mehr Fragen wie: Wer ist der Mensch in seiner unantastbaren Würde von seinem Anfang in Gott her? Wie kann der Mensch in Verbindung mit seinem Anfang bleiben und daraus leben lernen? Welches sind die unveräußerlichen Lebensrechte eines jeden Menschen, vor der Geburt bis hinein in das Sterben?

- Zur Solidarität wiederum gehören die großen Fragen nach der Gerechtigkeit: Wie können möglichst alle Menschen Zugang zu den knapper werdenden Lebenschancen der einen Welt haben? Wie können die Güter der Erde, die zum Überleben aller da sind, gerechter verteilt werden? Wie kann es mehr Gerechtigkeit zwischen Männern und Frauen geben, zwischen jungen und alten Menschen, zwischen den Einheimischen und den Fremden? Wie leben die Menschen solidarisch miteinander in Liebe und Compassion? Alle diese Fragen haben deshalb hohes Gewicht, weil immer deutlicher wird, dass nur Gerechtigkeit Frieden schafft und nichts so sehr Kriege und Terrorismus verursacht wie Ungerechtigkeit.

Ein Musterbeispiel ist das dauerhafte Unrecht, das dem palästinensischen Volk im »entheiligten Land«

zugefügt wird, indem ihm eigenes Lebensland und ein eigener Staat seit 1967 vorenthalten werden. Wenn dieses Unrecht nicht behoben wird, wird auch der Terror nicht enden und wird Israel weiter nicht in Sicherheit leben können – die Spirale der Gewalt wird sich weiterdrehen – zum Schaden der Menschen, vor allem der Frauen, der Kinder, der Alten.

Den Kirchen kommen hier beträchtliche Aufgaben zu. Sie haben viele Instrumente, um solche gesellschaftliche Aufgaben der Kulturation der Welt aus der Kraft des Evangeliums voranzubringen:

- Entscheidend wird sein, was die Kirchen selbst leben. Es braucht »Orte, nicht nur Worte«: Wichtig sind neue Gemeinschaften mit neuen Menschen und einem neuen Herzen. Die Kirchen werden dann Licht der Welt und Salz der Erde sein können. Auf dem Boden der kirchlichen Gemeinschaften wird es sich zeigen, dass durch das Evangelium die menschheitsalten Diskriminierungen keine Chance haben, wie Paulus im Brief an die Galater schreibt: nicht mehr Juden und Griechen (hier wird die rassistische Diskriminierung überwunden), nicht mehr Sklaven und Freie (da geht es um die ökonomistische Diskriminierung), nicht mehr Männer und Frauen (das meint die sexistische Diskriminierung). Denn »einer« geworden seid ihr in Christus Jesus (Gal 3,28).

- Dann braucht es Personen, die durch den Dienst der sie tragenden Gemeinschaften randvoll sind mit dem Evangelium und die soziokulturelle Gestaltungsmacht haben: Politikerinnen und Politiker, Medienleute, Pädagoginnen und Pädagogen, Wirtschaftstreibende, Gewerkschafter, Künstler, Dichter.

• In Demokratien ist zudem das Kirchenvolk politisch zu sensibilisieren durch politische Bildung: Zu entwickeln ist ein Gespür für Freiheit, Solidarität, für einen auch im Sterben noch tragenden Lebenssinn; von Bedeutung sind aber auch prophetische Worte durch Kirchenleitungen z. B. in einer modernen Katholischen Soziallehre.

Und wir, die Priester?

Wir wenden uns auf dem Hintergrund der bisherigen Überlegungen den Priestern zu.

Ich lege hier keine umfassende Theologie des Priesteramtes vor. Dazu gibt es Berufenere. Worum es mir aber geht, ist herauszuarbeiten, welche Fähigkeit Priester haben sollen in einer Kirche, in der Evangelisierung im Modus des Lernens und Lehrens geschieht, wodurch die zweifache Kulturation in Gang kommt: die Entwicklung des kirchlichen Lebens durch die Reichtümer jener Kultur, in der die Kirche wirkt, sowie die Entwicklung des gesellschaftlichen Lebens aus der Kraft des Reichtums des eingemischten Evangeliums.

Natürlich ist die ganze Kirche und in ihr jedes Mitglied dafür verantwortlich, dass ihre Gemeinschaften in der Spur des Evangeliums bleiben. Aber die Kirche bestellt dazu auch in den Gemeinschaften, die sich der Kultur öffnen, amtliche Personen, welche die Quelle des Evangeliums offen halten. Sie stellen sicher, dass die ihnen anvertrauten kirchlichen Gemeinschaften in der Spur des Evangeliums bleiben. Das sind vor allem die Bischöfe, dann aber in ihrem Auftrag die lokal bestellten Priester.

Diese Aufgabe der Priester setzt voraus, dass sie eine hohe Evangeliums-Kompetenz besitzen. Priester sollten randvoll sein mit dem Evangelium. So wie das Evangelium dem Bischof bei seiner Weihe auf das Haupt gelegt wird, so sollte es jedem Priester am Herzen liegen. Das Evangelium gehört zugleich meditiert und mit allen bibeltheologischen Erkenntnissen studiert.

Wenn es dann aber darum geht, dass das Evangelium zur Welt kommt, sich einmischt in die Entwicklung der Kultur, dann ist es die andere Aufgabe der Priester sicherzustellen, dass die uns anvertrauten Gemeinschaften »nach Kafarnaum hinabsteigen«. Das heißt, dass unsere Gemeinden sich nicht selbstzufrieden abschließen, sondern in der alltäglichen Lebenswelt der Menschen anwesend sind, also teilnehmen am Geschick und den täglichen Leiden der Menschen. Die Menschen kennen zu lernen, das beginnt mit Aufmerksamkeit, mit dem Hinschauen auf die Freuden und Hoffnung der Menschen ebenso wie auf ihre Trauer und Leiden. Von Gott selbst heißt es in Ex 3,7: »Gesehen, ja gesehen habe ich das Elend meines Volkes in Ägypten, gehört, ja gehört habe ich die laute Klage über ihre Antreiber. Ich kenne ihr Leid.« Gott zeichnet daher jene Aufmerksamkeit aus, welche ein zentrales Moment an solidarischer Liebe ist. In Kirchengemeinden leben daher Menschen, die vom Leid der Menschen nicht wegschauen, sondern hinschauen, die sich nicht abwenden, sondern zuwenden.

Wer einerseits randvoll ist mit dem Evangelium, andererseits eintaucht in das alltägliche Leben der Menschen, der kann eine Brücke schlagen zwischen der alltäglichen Lebenswelt der Menschen, ihrer Kultur und dem Evangelium. Das macht Priester zu Brückenbauern. Die Urkompetenz der Priester ist daher, dass sie »pontifikal« sind, in der Lage, Brücken zu bauen.

Wenn wir den Priester als Brückenbauer verstehen, dann werden auch schon zwei Versuchungen klar, mit denen Priester zu kämpfen haben. Ich stütze mich dabei auf die Untersuchung von 2500 zentraleuropäischen Priestern.

Versuchung: sich von der Welt zurückzuziehen

Da ist die erste Versuchung, die ich die klerikale nenne. Es ist der Rückzug in die kirchliche Sonderwelt. Priester, die sich klerikal zurückziehen, sind daran erkennbar, dass sie an der Welt und ihrer Lebenskultur tief leiden. Die Welt wird von ihnen nur als heillos gesehen. Solche Priester sind zumeist weltfremd. Sie neigen dazu, Priester nur für ihresgleichen zu sein, Priester für die gar nicht wenigen Weltenttäuschten. Sie werden leicht ungerechte Weltkritiker. Sie ziehen sich – um wieder Kardinal Martini zu zitieren – in die idyllische Sonderwelt »von Nazaret« zurück. Mit den weltkritischen Teilen der eigenen Kirche sind sie dagegen in einer blind-unkritischen Weise loyal.

Versuchung: sich von der Kirche zurückzuziehen

Es gibt aber umgekehrt auch die modernistische Versuchung: sich angesichts der Kluft zwischen Kultur und Evangelium zumindest von der Kirche zurückzuziehen. Solche Priester sehen einäugig nur das Gute an der Welt. Zugleich sind sie gezeichnet von einem tiefen Leiden an der konkreten Kirche, an der sie nichts Gutes sehen. Aufgrund ihrer unkritischen Loyalität zur Welt verweltlichen sie. Aus »Geistlichen« werden »Zeitgeistliche«, so schon vor Jahrhunderten der Regensburger Bischof und Pastoraltheologe Johann Michael Sailer. Diese werden in der Folge ungerechte Kirchenkritiker, welche die Fremdheit der Kirche beklagen und nichts Gutes mehr an ihr sehen.

Priester als Brückenbauer

Es gibt aber auch jene Priester, welche die letztlich in dieser Weltgeschichte nie behebbare Spannung zwischen Evangelium und Kultur durchhalten. Sie haben eben eine belastbare pontifikale Kompetenz. Sie sehen wohl auch das Heillose in der Welt, übersehen aber auch das Gute nicht, das Gott durch seinen Geist in der Welt wirkt – mit uns, ohne uns, manchmal gegen uns (so die philippinischen Bischöfe vor Jahren).

Ein pontifikaler Priester sieht zugleich das Heillose in der Kirche, übersieht aber auch das Gute nicht, das aus der Kraft Gottes in den kirchlichen Gemeinschaften gewachsen ist.

Was ihn also auszeichnet, ist eine kritische Loyalität sowohl zur modernen Kultur wie zur alten Kirche.

Das »Kreuz« der pontifikalen Priester

Auf dem Hintergrund solcher Zusammenhänge wird deutlich, dass Priester als Brückenbauer in einer ständigen Spannung leben. Es ist spirituell möglich, diese unentrinnbare Spannung als das Kreuz des Priesters zu bezeichnen. Der Priester, der sowohl dem Evangelium wie der Kultur sich aussetzt, ist zwischen beiden ausgespannt. Seine schwerste Versuchung ist es, von diesem Kreuz herabzusteigen, ohne am Kommen des Himmelreichs auf einem leichteren, bürgerlicheren Weg mitzuwirken.

Der griechische Dichter Nikos Kazantzakis hat sich dieser Versuchung in einem seiner besten Romane gestellt. Dieser trägt den Titel »Die letzte Versuchung« (1988), ein Buch, das unverstanden von der katholischen Filmkritik später vom herausragenden Regisseur Scorsese verfilmt worden ist.

Jesus ist schon ans Kreuz genagelt. In seiner Agonie überkommt ihn die Wahnvorstellung, dass er nicht auf dem Weg des Kreuzes, sondern ohne dieses auf einem bequemeren, bürgerlichen Weg die Welt ebenso erlösen könne.

Eben dieses andere, einfachere, bürgerlichere Leben lässt Kazantzakis Jesus inmitten des Todeskampfes durchlaufen. Jesus verliebt sich in Maria von Magdala, hat mit ihr Kinder, wird ein berühmter Rabbi, mit hohem Ansehen im Tempel und unter den Pharisäern und Schriftgelehrten, vom Volk bejubelt. – Suchen nicht auch manche von uns einen priesterlichen Dienst, ohne das Kreuz zwischen Kultur und Evangelium tragen zu müssen?

Dann aber lässt Kazantzakis Judas auftreten und gestaltet dessen tragische Rolle, die er als Verräter in der Leidensgeschichte hat, zu jenem wahren Freund Jesu um, der ihm letztlich hilft, seiner wahren Berufung treu zu bleiben. Damit er nämlich nicht vom Weg des Kreuzes abkommt, verrät er Jesus an seine Feinde. Er macht damit den Weg frei, dass Jesus ans Kreuz kommt und nach seinem Tod mit einer Lanze sein Herz für die Welt geöffnet wird.

Nur ein Priester, der das Kreuz der Spannung zwischen moderner Kultur und ererbtem Evangelium produktiv durchhält, erfüllt den ihm von Gott zugedachten Auftrag im Dienst am Evangelium.

Wie sehen sich die Priester selbst?

Paul M. Zulehner /
Anna Hennersperger
**»Sie gehen und werden
nicht matt«** (Jes 40,31)
Priester in heutiger Kultur
Format 12 x 19 cm
164 Seiten
Hardcover
ISBN 3-7966-1026-9

Wie verstehen die Priester ihr Amt, wie inszenieren sie ihr
alltägliches Leben? Woher nehmen sie die Kraft?

PriesterZukunft – schöne Aussichten?

Paul M. Zulehner
**Priester im
Modernisierungsstress**
Forschungsbericht der
Studie Priester 2000©
Format 16,5 x 24 cm
480 Seiten
Paperback
ISBN 3-7966-1042-0

Über 2500 Priester und über 300 Priesteramtskandidaten
wurden befragt. Die Ergebnisse werden hier dokumentiert.